La Epopeya
de Cristo

La Epopeya de Cristo

VIDA, PROMESAS Y ENSEÑANZAS
DE EMANUEL: DIOS CON NOSOTROS

Héctor Pereyra-Suárez

WESTBOW
PRESS®
A DIVISION OF THOMAS NELSON
& ZONDERVAN

El texto Bíblico ha sido tomado de la versión Reina-Valera © 1960 Sociedades Bíblicas en América Latina; © renovado 1988 Sociedades Bíblicas Unidas. Utilizado con permiso. Reina-Valera 1960™ es una marca registrada de la American Bible Society, y puede ser usada solamente bajo licencia.

Puede hacer pedidos de libros de WestBow Press en librerías o poniéndose en contacto con:

WestBow Press
A Division of Thomas Nelson & Zondervan
1663 Liberty Drive
Bloomington, IN 47403
www.westbowpress.com
1 (866) 928-1240

ISBN: 978-1-5127-5457-5 (tapa blanda)
ISBN: 978-1-5127-5458-2 (tapa dura)
ISBN: 978-1-5127-5456-8 (libro electrónico)

Número de Control de la Biblioteca del Congreso: 2016913934

Las personas que aparecen en las imágenes de archivo proporcionadas por Thinkstock son modelos. Este tipo de imágenes se utilizan únicamente con fines ilustrativos. Ciertas imágenes de archivo © Thinkstock.

Información sobre impresión disponible en la última página.

Fecha de revisión de WestBow Press: 12/28/2016

Contenido

Prefacio

LA EPOPEYA DE CRISTO es la vida del mayor héroe de todo la historia. El lector la hallará cada vez más admirable, portentosa, hasta encontrarse con la Divinidad. Por casi dos mil años la doctrina y el ejemplo de este héroe han guiado y enriquecido la existencia de millones y millones de personas en todo el mundo.

Todo empezó en la tierra con la madre del héroe en una aldea insignificante del Medio Oriente perdida en un vallecito a más de 1000 metros sobre el nivel del mar. Emanuel nació en un establo de un lugarejo a más de 100 kilómetros al sur de la aldea de su madre, pero en ésta se crió hasta que cumplió 30 años de edad. No obstante, se convirtió en el centro de la historia: todos los eventos ocurren antes o después de él.

Las multitudes que escuchaban a Emanuel se arrebataban con la novedad y el poder de sus palabras. Desde entonces hasta hoy, sus enseñanzas han hecho de él «la luz del mundo». Por eso aquí todo se cuenta en versos, pues su historia es sublime. Y lo sublime pide la expresión más elevada posible. Esta epopeya no asciende a la excelsitud de su tema, pero su aspiración es que se entienda por qué EMANUEL significa DIOS CON NOSOTROS.

El Autor

Invocación

Cristo que uniste esta tierra y tu Cielo,
que hiciste afín lo Divino y lo humano,
Hijo de Dios que te has hecho mi hermano,
dame también esa luz
con que refulgen en los Evangelios
tu pensamiento, tu acción y tu historia.
Quiero exhibirlos con toda su gloria
desde el pesebre a la cruz.

Canto primero

ANUNCIACIÓN Y NACIMIENTO

Hora es de eternos designios:

—Concebirás en tu seno, María.

Esa es la voz de terrible alegría
que oye del ángel Gabriel
una modesta doncella.
¿Madre será pronto ella
del Redentor de Israel?
Tiene purísimo el cuerpo
porque un alma inocente lo eleva,
y esto replica a la nueva:

—¡Si no conozco varón...!

—Es la virtud del Altísimo,
sombra es en ti del Espíritu Santo...
Contiene, oh virgen, el llanto
que te oprime el corazón.

¿Cómo encerrar en el pecho
de barro frágil la inmensa ventura?
¡Madre de Dios la mortal criatura!
Se acuerda de Elizabet...
Allá en su ambiente de cerros agrestes
ha de hallar paz. En impávida calma,
podrá gozar esa dicha del alma
muy lejos de Nazaret.
¡Oh, cuánta maledicencia!
Por eso corre a su prima en Judea,
con ansia de comprensión.
Le contará del milagro
del nacimiento virgíneo anunciado
que su villorrio atribuye al pecado.

Elizabet —que era estéril—
como la Virgen, también confundida,
gesta milagrosamente una vida.
¡La misma gracia reciben las dos!

Con sublimes arrebatos,
Elizabet enaltece a María,
y ésta da gloria en sublime poesía,
por sus mercedes, a Dios.
Hará el mayor de los vástagos
estremecerse a su voz el desierto,
donde pondrá al descubierto
muchos pecados en Sion;
vate cubierto de pieles,
con la palabra vibrante de Elías
ha de anunciar al segundo, al Mesías,
que es de Judá el Gran León.

Sueño de José

A los tres meses retorna
la desposada con el carpintero.
¿Se irá a la casa paterna primero,
puesto que duda José
desde que sabe que ha de ser madre
la que él amaba por virgen y casta?
¡Qué realidad más amarga lo aplasta!
Quiere dudarlo y no puede: ¡la ve!

Un dormitar interrumpe
sus desvelos de larguísimas noches,
de dudas o de reproches;
y sueña con esta voz
de un ser divino que explica:
—María es virgen, castísima, honesta:
cuida de ella y del hijo que gesta,
porque es el Cristo de Dios.
¡Oh, cuán virtuoso el angélico sueño!

Cambia la endecha con hiel de reproche
por una dulce alabanza esa noche.
¡Trueca su acíbar en miel:
es el Shiloh prometido;
es el «Deseado de todas las gentes»,
es el Mesías del que hablan videntes;
es el glorioso Emanuel!
¡Pues qué misterio insondable
que, estando grávida, sea doncella!
Con ojos castos, José admira en ella
la cabellera de oro,
los bellos ojos, la voz de cristal.

Mas esa Virgen, su novia ideal,
es habitáculo del Redentor.
Hasta que nazca el Mesías,
es para ella no más que un amigo
que le da el techo, y el pan, y el abrigo.
Él es tan cándido y fiel
porque es purísimo como la Virgen.
¡Cuánto sublima la unión de su estado!
Esa mujer con quien se ha desposado
sólo es un alma gemela con él.

Humanas bestias

Desde la Roma de Augusto
rueda un decreto por todas las tierras.
Llega también a Judea y sus sierras
y hasta la antigua Belén,
donde sus hijos han de empadronarse.
Llegan pues éstos de muchas comarcas
en las provincias de varios tetrarcas;
José y María, también.
Hay algazara en las calles.
En cada casa se alberga un pariente
y en el mesón ya no cabe más gente.
¡Nadie recibe a María y José!

Sólo unas bestias —¡qué humanas las bestias!—
les dan su establo. La piel aun les dieran
si adivinaran que en su pesebrera
se acunaría un bebé.

La cuna de Dios

En un rincón de ese establo,
donde no ponen las bestias las plantas,
tiende José unas esteras y mantas
para dormir ellos dos,
y en un pesebre vacío
que lamió el hambre de los animales
tiende, solícito, algunos pañales
para la cuna de Dios.
Mientras los reyes del mundo
se envanecen en fastuosos palacios,
el que de mundos sembró los espacios
nace en humilde corral.
Comienza así la ignominia
que ha de bordear su elegido sendero
hasta el martirio en horrendo madero
de su glorioso final.
No lo esperaban mansiones,
ni los doctores en letras y ciencias,
ni sacerdotes de rancias creencias,
ni la gran Jerusalén;
sólo unos cuantos pastores
humedecidos de fresco relente
más tres paganos venidos de Oriente
van a besarle la sien.

Los zagales de Belén

La claridad de mil ángeles
desde los cielos se hiende en la noche
y abre su gloria, volcada en derroche,
un túnel ígneo de luz.
En un extremo, el tapiz de los campos
en donde pacen algunas ovejas;
en otro, un coro celeste festeja,
en su pesebre, a Jesús.
¡Cómo se asustan los bravos zagales!
Nunca temieron las fauces del lobo
ni aún la mano avezada en el robo,
¿cómo, pues, tiemblan así?
Mas misteriosas palabras
a sus vigilias devuelven la calma
y de esperanza les llenan el alma.
Se enciende un gran frenesí
en esos pechos sencillos
al escuchar que ha nacido el Mesías.
La dominante esperanza judía
llega con ese varón.

Ya que no habita en palacios
donde no pisan sandalias como esas
que calzan ellos, tan rústicas, gruesas,
le llevarán algún don.
Como ha seguido la luna
con su mirada de luz los rebaños
todas las noches por miles de años
porque es pastora también,
le encargan todo el redil.

Libres así, se van ellos,
iluminados con claros destellos
de su mirada, a Belén.
Viendo cual hallan al Niño,
¿cómo es posible impedir que los ojos,
mientras adoran caídos de hinojos,
derritan perla y cristal?
Esos ajuares cual nido
en el comedero trocado en un lecho
tienen un cielo estrellado por techo.
Su privación es total.

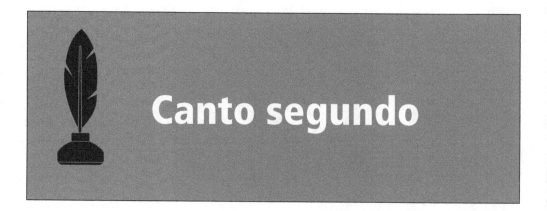

Canto segundo

Cuida la santa pareja
la carne humana con que se ha vestido
Emanuel. ¡Oh, qué gran parecido
tiene ese bello varón
con nuestro cuerpo de barro!
¿Respetará también él los rituales
que han de cumplir a esa edad los mortales,
como la circuncisión?
Sí; ese signo del pacto
deben llevar también carnes como ésas
porque es señal de impecable pureza.
Su nombre humano es Jesús.

Presentación en el templo

Irán al templo de aquí a un mes y días,
donde cantarán los salmos en coro.
Verán el pulido mármol y el oro
y gran derroche de luz.
Purificada la madre
salen de prisa por esos caminos.
Su ofrenda es de pobres: dos palominos.
En la gran Jerusalén, solemnemente el levita
va ante el altar con Jesús en los brazos.
Así lo ha hecho en innúmeros casos,
y el acto ejecuta bien. Cumple mecánicamente

con los detalles externos del rito
y deja el nombre en los rollos escrito
¡sin ver al Rey de Israel!
No hay santidad en el templo.
Sus sacerdotes son hoy carniceros:
constantemente degüellan corderos
sin devoción y sin fe.

Sólo hay dos almas de Dios
en el santuario trocado en gran feria,
que en su envoltura mortal de materia
ven al Mesías en ese bebé:
Ana y Simeón, cuyas manos
alzan al Cristo en pañales de niño,
mientras doblegan las sienes de armiño.
Tómalo en brazos el fiel Simeón,
y oye al Espíritu Santo
por el cual vino a estas horas al templo.
Su vuelo místico, ¡qué gran ejemplo
de final satisfacción!:
—Ahora despide a tu siervo,
pues has saciado sus ojos
en sus ardientes, devotos antojos.
No aspiro ya a nada más.

Dice después a la Virgen:
—Traspasará cual espada tu alma
lo que será con el tiempo tu palma.
Y a Dios repite:
—Despídeme en paz.

Los magos

Llegan tres magos de Oriente.
El pueblo ríe de sus esperanzas,
mas piensa Herodes que hay acechanzas
en la oprimida nación.
Vienen siguiendo una estrella

nunca antes vista en el cielo;
jamás pensaron en el desconsuelo
del reyezuelo de Sion.
Usurpador idumeo,
no tiene sangre real ni judía;
ciñe corona su frente sombría
por ser a Octavio servil.
Juegan con él las pasiones;
surge del crimen y lleva en los dientes
la carne fresca de propios parientes
que eliminó en forma vil.
Mató a su esposa y a los que ella amaba:
sus dos vástagos, su madre, su hermano,
y hasta a su abuelo, al ex rey Hircano,
con mano fría, brutal.
Sabe, no obstante, ocultar de la gente
—pues es eximio maestro en patrañas—
que lo que acecha en sus negras entrañas
es un instinto animal.
Convoca a sabios y escribas
y a sacerdotes. Por él obligados,
éstos estudian los rollos sagrados
para decirle dónde ha de nacer
el que anuncian los viejos profetas.
Le desenvuelven al punto los rollos,
y el régulo oye, temblando, en su solio
que en Belén ha de ser.
Ofrece audiencia después a los magos.
¡Cómo consiguen sus falsos halagos
disfrazar su altivez!
Ruega que vean al niño
porque él también pagará sus respetos
...y, mascullando sus odios secretos,
con sangre espera colmar su embriaguez.
Dice que quiere adorarlo
como heredero de regio linaje;
pero, ocultando su rabia salvaje,
ya lo ve así perecer:

—Pronto esa carne rosada,
donde palpita sonriente la vida,
sucumbirá cuando yo lo decida.
Yo he de mostrar mi poder.

La hipocresía de Herodes,
bien lo disfraza y engaña a los magos.
Los embauca con arteros halagos
y falsa afabilidad.

Baja lucífero un ángel
desde lo que ellos creían estrella;
por fin descubren que es ella
más que fenómeno, que aparición
o que astro del universo.
Es del Mesías la innúmera hueste
que ha derramado su gloria celeste
sobre el establo de su encarnación.
Les dice el ángel aquel,
que al reyezuelo carcome la envidia,
que su gran sed de perfidia
quiere saciarse en Jesús:
que no regresen al régulo,
que ya ha afilado la espada
con que planea dejar apagada
con su negrura la luz.

Huida a Egipto

También José es advertido
por providencia divina en un sueño:
debe llevar al divino pequeño
hasta la tierra de Cam.
Con los regalos de Oriente
se ha de suplir en la tierra de Egipto
por los dos años que allí esté proscripto.
Cumplen la orden. Se van.
Más allá al sur, que es desierto,
calcina el sol y es sequísimo el viento.
Y sigue, y sigue, el muy lerdo jumento
que, del cabestro, José
conduce hacia el mediodía.
Han de sumirse al tornar a occidente

en una nube de polvo caliente.
No se sabrá dónde esté.
¿Qué es de su vida africana?
¿La ribera verá del Mar Grande
o el limo fértil que el Nilo allí expande
o el Gran Desierto del Sur?
Dios le ha ordenado ir a Egipto.
Nada de aciago le cabe a su suerte.
No es aún el tiempo en que use la muerte
contra Jesús su segur.

Muerte de Herodes

La vil espada de Herodes,
nunca bruñida en las lides gloriosas,
ésa que corta cabezas piadosas,
ésa que queda en su lid contra el bien
chorreando sangre inocente;
ésa que tiñe de rojo su senda
(de su poder, el emblema y la prenda)
siembra la muerte en Belén.
Manda que todos los niños
que por dos años ya hayan llorado
mueran en manos del rudo soldado:
quiere acabar con Jesús.
Nada le importan las madres;
él desconoce el amor con pureza
y, para ver de esa edad la belleza,
tiene los ojos sin luz.
Ha sepultado en la cárcel
a los varones que admira Judea,
pues ve apagarse su vida, cual tea
que se gastó en incendiar.
Los matarán cuando él muera.
Piensa que así por su muerte habrá llanto
y el pueblo, libre, no ensaye un canto
cuando lo vaya a enterrar.
En una tumba sin gloria

ha de parar su existencia indeseable.

Cae por fin ese sable
que ante los buenos pendió.
Quitan las llaves de sus carceleros,
chirrían goznes, rechinan cadenas,
ábrense puertas, caducan condenas...
hasta en sus cárceles de Jericó.

Primores del Niño Dios

Toca la tierra un ángel
por Emanuel que bajó anonadado.
¡No pisa ya el reyezuelo malvado
la Tierra Santa, por fin!
Jesús vuelve a Galilea
de donde un hijo del cruel es tetrarca;
ha de vivir en remota comarca,
pobre y famosa por ruin.
Doce años cumple allá el niño.
Tócale ir, por lo tanto, a la fiesta;
sueña con ella, se agita y se apresta.
¡Qué inmensa curiosidad!
Mucho pregunta a María:
si ha de aprender por ventura otro salmo;
qué debe hacer en un día tan almo
allá en la santa ciudad...
Ya aprendió que la pascua
es monumento del yugo quebrado
por sus mayores de un pueblo ensañado
del cual fue esclavo Israel,
y que señala una nueva
liberación del peor despotismo:
la sumisión del mortal a sí mismo
y al insidioso Luzbel.
Alborozado, prorrumpe:
"¡Jerusalén!,,, el feliz lugareño.
Desde su pueblo norteño,

por tres provincias va al fin
entre gloriosos recuerdos
de las hazañas de viejos profetas.
Piensa escuchar a los que hoy se respetan
allá en el templo o el Gran Sanedrín.

Deslumbra a todos la pompa
con sus colores, derroches de luces,
los sacerdotes con finos capuces
y el regio ceremonial.
Pero Jesús no se ofusca.
Quiere escuchar de cultísimos labios
de los rabinos más nobles y sabios
qué significa la fiesta pascual.
Han de ofender su inocencia
con los abortos que, en sus extravíos,
han engendrado con sus desvaríos
de soberbia y tradición.
¡Cuántos errores y farsas
han añadido a la sana doctrina!
No puede oírlas. También abomina
la nominal religión.

Desbordamientos humanos
llenan los campos de toda Judea.
Rebuscará cada cual en su aldea,
día tras día, su pan...
Con los viajeros del norte,
buena jornada completa María
cuando descubre, al morir aquel día,
que entre los muchos que van
nadie ha encontrado a Jesús.

—¿Dónde está el Niño, mi hijo adorado,
que no se encuentra a esta hora a mi lado?
¡Debo volver de él en pos!

Así solloza la Virgen
por quien el Cielo ha confiado en sus manos
envuelto en carne de seres humanos
para revelar a Dios.
Desanda presto el camino.
¿Cómo es posible? ¡Ninguna noticia!
¡Por ellas diera muy caras albricias!

¡Tal vez está en la ciudad!
Buscan tres días, ahogadas las almas;
en la garganta, un gran nudo de angustia
y en las mejillas, ya pálidas, mustias,
una terrible ansiedad.
Lo hallan por fin en el templo,
rodeado de rabinos y doctores,
estupefactos, al ver los primores
del Niño Dios que habla allí.
Vuelca María su alma
con muchas lágrimas, hondo suspiro
y este reproche por tanto retiro:
—¿Por qué nos haces así?
Entonces, ¡por primera vez lo oírnos!
—*En los negocios de mi eterno Padre*
desde hoy dejad que solícito encuadre
mi actividad y mi ser.
Según las leyes judías,
ahora es hombre. Revela el secreto
del propio origen, mas va con respeto
tras San José, a su taller.
Retorna así a Galilea
quien en el templo quedó sin permiso.
Ha de vivir a sus padres sumiso.
Crecerá en gracia al crecer en edad
y en mucha sabiduría
para entender a su Padre y al hombre,
para llamar al pecado por hombre
y difundir la verdad.

Albo lirio en el fango

Para seguir tras sus huellas
hasta encontrarlo de nuevo ante el río
donde él también, en enorme gentío,
pide el bautismo de Juan,
hay que escuchar desde el Cielo
la misma voz que en el célico idioma,

desde la forma de blanca paloma,
le habló al salir del Jordán.
Debe escucharse de nuevo el "estruendo"
sobre la flama del pensamiento,
del soplo recio de aquel mismo viento
que impartió lenguas en Pentecostés.
(Llene aquel viento esta estrofa
con que ilumine ese lapso ignorado
hasta la edad cuando él es bautizado,
desde esta rara niñez).
¡Cómo rechaza las farsas
que los rabinos lucubran sin tasa!
Tiene por norma en que firme se basa,
un «Así dice Jehová».
¡Cuántos escribas y ancianos
ambicionaron tenerlo a su lado
por tan precoz! ¡Cuántos otros, osados,
han reprendido al León de Judá!
Mas sigue incólume, libre:
libre en espíritu, libre en el alma;
piensa y pondera los hechos con calma.
Ve los estragos del mal.

Se compadece de esclavos
que cargan yugos y arrastran cadenas
de falsas leyes, injustas condenas
y un vano ceremonial.

Es el menor de la casa;
tiene hermanastros que, siendo mayores,
en sus verdades señalan «errores»
y osan burlarse de él;
llaman cobarde el silencio
con que reprende el espíritu altivo,
lleno de envidia, el eterno motivo
de los Caínes cuando hay un Abel.

Hieren su tímpano puro
maledicencias, que de adulterino
tildan el modo tan santo en que vino.
¡Llaman bastardo al que es Hijo de Dios!
Y se le empañan los ojos
tal como ocurre a los niños sin padre
que conocieron tan sólo a la madre,

pero nacieron de dos.

Crece Jesús como el lirio
que surge blanco del pútrido cieno.
En su semblante inocente y sereno,
trasunto fiel de candor,
y hasta en su voz resonante
que el eco imita en los cerros del norte,
se ve su célico porte
de dignidad superior.
Sabe arcanos y verdades
—que aún ignoran los versados rabinos—
cuyas fuentes de fe son pergaminos:
cuenta con la Inspiración.

Aunque nunca fue inscrito en escuelas,
tan grande y ávida es su inteligencia
que, fecundada por la Providencia,
llega a la altura de su vocación.

Nada le atrae del mundo:
glorias opacas que ofuscan al hombre,
falsas ventajas que adquiere el renombre,
goces de la sociedad...
Para él, todo eso es falacia.
Su gozo se halla en el bien absoluto
del que conquista el más rico tributo
para la humanidad.
Aunque hasta es propia la duda
para esa edad de conflictos del alma,
su juventud se desliza en la calma.
Su cuerpo en pleno vigor
y en santidad de pureza
guarda su alma gigante y serena,
siempre impasible, aunque siempre muy llena,
cual lago inmenso de amor.
Su paz no es flema inactiva.
Lleva muy lleno de entusiasmo el pecho
y su cerebro, jamás satisfecho,
plasma ideales sin par,
mientras que callos le adornan las manos.
El que desde el principio fue el «Verbo»,
¿diría aquí que el trabajo es acerbo

con rehuir el obrar?
Con herramienta en la mano,
todos los días, vestido de blanco,
su primer púlpito hace del banco.
Se gana así el frugal pan.

Canto tercero

En Nazaret, su taller solitario
con una nueva gloriosa se inquieta:
oye la fama de Juan el profeta,
y él no resiste ese imán.
Verá muy pronto al Bautista.
Llega de incógnito en la turbamulta,
pero su manto de aldeano no oculta
la singular distinción
y majestad de su porte.
Satura el medio con algo divino
que el pueblo admira, mas teme el rabino,
pues llenará la nación.

El bautismo

Cuando se acerca a la playa,
dícele Juan, quien sepulta el pecado:

—Yo he menester ser de ti bautizado,
¿cómo, pues, vienes a mí?
No necesitas las aguas
donde sumérgense los pecadores;
culpas enormes y absurdos errores
dejan los hombres aquí.

Mas, al decir:

—Deja ahora, con su mirada, le ordena:

—Obedece.

Pronto su manto también se humedece
en las quietas aguas de «junto a Salín»,
como el de todos los otros.
Nadie sabe que es el Prometido,
que es el Mesías, allí mismo ungido
para su Reino sin fin,
hasta que llega un anuncio del Cielo:
baja en la forma de humilde paloma
que a cada cual habla en su mismo idioma.
Identifica esa voz
el venerable Bautista:
es el Espíritu Santo quien clama
y al catecúmeno aldeano proclama
por «Hijo Amado» de Dios.

Tentación y victoria

Se va luego del Jordán
a un desierto apartado y peligroso,
sin agua, ni alimento, ni reposo.
Debe afrontar a Satán
en soledad absoluta.
¡Cuarenta noches sin cama y sin sueño
el Creador de los mundos, el dueño
de las riquezas y el pan!
Son sus altares las piedras,
que le sostienen piadosas las manos.
¡Cómo interroga a su Dios por arcanos!
Sacia en sus ojos la sed,
el polvo seco del suelo
donde se tiende, cansado, en la noche
para mirar tanta luz, en derroche,
que hay, como en él, en el cielo a merced.

Tiene los ojos hundidos
sobre unos pómulos en prominencia;

le grita el hambre con sus exigencias
y le aparece Luzbel
con gloria de ángel de luz.
Dice asistirlo en su aislado cotarro
y, señalando en el suelo un guijarro
sobre los que pisa él:

—Convierte piedras en panes;
haz un milagro en favor de ti mismo
si, como oíste después del bautismo,
eres de veras el Hijo de Dios.

—No, tentador, no lo dudo.
Sé quien eres. Te conozco por nombre.
No de pan sólo se nutre ya el hombre,
mas con palabra nacida de Dios.

¡Desenmascara al demonio!
Con la Escritura que el Cristo reclama,
urde el artero la trama
de más sutil tentación:

—Te sostendrán en las manos
los santos ángeles en el espacio:
desde esta almena del sacro palacio,
salta sin miedo a las faldas de Sion.

Cristo replica sereno:

—*No tentarás al Señor, está escrito.*

Ya que domina altivez y apetito,
así lo prueba después:

—Todas las glorias del mundo:
fama, riquezas, honores, placeres,
pongo a tu alcance, tan sólo si quieres
postrarte ahora a mis pies.

—*Vete, oh Lucero caído...*

Y eso recuerda su gloria pasada,
y eso lo obliga a temer la mirada
de quien aún es Miguel.

Este dragón derribado
que en nuestra tierra deambula vencido,
ya doblemente es un ángel caído.
¡Tiene que irse Luzbel!

Vuelve a Betábara el Cristo,
porque predica allí Juan el Bautista.
Cuando éste apenas lo avista,
siente su alma llenar
con el Espíritu Santo.
Dice:

—Mirad; he ahí el Cordero
que quita ahora el pecado del mundo...
sin penetrar el sentido profundo
de lo que acaba de hablar.

El Maestro

Va con los doce y los suyos
a la ciudad que se baña en las aguas
del lago azul do el Jordán se desagua.
Cerca de Genezaret,
Capernaún es hermosa.
Los mercaderes del rico Occidente
compran allí los productos de Oriente.
No como allá en Nazaret,
ha de vivir en rincones.
Llegan viajeros de Egipto, de Arabia
y Damasco, como también de la sabia
Grecia y la Roma imperial,
a «su ciudad» costanera.
Detendrá en ella los pies peregrinos
porque es el cruce de muchos caminos
por donde irá su ideal.
Como semillas preñadas
con el misterio sin par de la vida
cuando a volar el ciclón las convida,

ya la sublime verdad
que hay en su vida y su verbo
ha de volar desde allí por el mundo...

Ojos con fuego del juicio

Acaba el año sagrado.
Ya el mes florido, Nisán, se avecina.
Para las fiestas que habrá en Palestina
será la santa ciudad
muy reducida de nuevo.
Va por millares este año la gente.
Cristo tampoco querrá estar ausente.
Irá a la festividad.
Llega él también con el pueblo.
Muchos adornos deslumbran los ojos,
aunque hay bullicios que incitan enojos
de los más fieles de Dios.
¡Si se parece un mercado
ese templo erigido en la cumbre del Moria
para adorar a Jehová! ¡No hay más gloria!
La ronca y ávida voz
de mercaderes profanos
se une al berrear de sus propias ovejas.
Sólo compiten con ella las quejas
de quienes deben comprar
sus sacrificios y ofrendas
con la moneda especial del santuario.
Lucro tan pingüe es cambiar el denario
que no es venderlo: es robar.
Ante ese cuadro en el atrio
con todo el culto tan fuera de quicio,
se le hacen focos de fuego del juicio
los ojos. Va a reprender:

—*¡Esto es cueva de ladrones!*
¿No veis la ira de Dios que se asoma?
¡Quitad las jaulas con vuestras palomas!

¡Huya de aquí el mercader!

Vuelca las mesas repletas
con las monedas del cambio y la usura.
Han de arrastrarlas con otras basuras
y el propio fiemo en hedor,
los animales que espanta.
Agita un látigo grande de cuerdas
con que amenaza a la oveja más lerda
y en su amo infunde pavor.

El nuevo nacimiento

Entre los hombres más notables,
uno hay que siente vacío en el pecho.
El corazón quebrantado y deshecho
viene a volcar en Jesús
en su retiro una noche.
¡Tanto admiró aquella acción sin ejemplo
de la inaudita limpieza del templo!
¡Busca en tinieblas la luz!
Ese maestro y filósofo
quiere escuchar de Jesús las razones
que no interesan a los corazones
donde se enciende la fe.
Cristo atraviésale el alma:

—*Yo de cierto te digo... quien no renaciere,*
no importa al caso cuan viejo ya fuere,
no verá el reino de Dios.
Tú eres nacido de carne,
mas esa carne será polvo luego.
Lo que te falta es pasar por el fuego
del gran crisol de mi amor.
Así verás al Mesías
cual la bronceada serpiente, al extremo
del gran madero también, Nicodemo.
Verás así al Redentor.

Nadie conoce los Cielos
fuera de quien de allá vino a la tierra.
Ese es el Hijo del Hombre.
Se encierra en cuerpo y humanidad
porque amó Dios a este mundo
y a su unigénito Hijo le ha dado
para que todo el que llegue a su lado
viva por la eternidad.

«He de menguar... Él debe crecer»

Bautizan más los apóstoles
que el propio Juan el Bautista en Judea;
mas «quien no es caña que el viento menea
sino el mayor que nació de mujer»,
se regocija en las nuevas.
....
Más popular que los reyes,
es el Bautista seguido por miles.
Sólo en el templo hay envidias febriles.
Es la mayor desazón
ese desfile del pueblo al desierto,
donde sus dichos, saliendo en enjambres,
ponen la miel en el pan de sus hambres
y en las conciencias, agudo aguijón.
Y los magnates acechan
al gran profeta vestido de cueros.
Para los labios de los lisonjeros,
no tiene oídos San Juan.
Deben usar otros dardos
y ocultar más de su vista el acecho,
pues, traspasando el incólume pecho,
acallarían su voz.
Lo embestirá la perfidia.
Bajo un disfraz de lisonja en la prosa,
cubre el ardid la pregunta capciosa:

—¿Tiene el bautismo poder

cuando lo ordena Jesús?
¿No es esa forma vacía en las manos
de sus discípulos, esos aldeanos?
¿Quién puede en ellos creer?
Y eso hace mella en algunos
de los discípulos del gran profeta.
Ellos comparten su vida de asceta,
pero no idéntica luz.
Ante el humilde maestro,
vuelcan el alma cargada de celos,
porque el fruto de tantos desvelos
creen que coge Jesús.

Que el pueblo siga tras Cristo,
le parece reacción de pueblo sabio,
y le asoma el ingenio a flor de labio:

—Debe crecer: yo, menguar.
¡Ya lo recibe la esposa!
Soy el amigo que vino temprano
para pedirle en su nombre la mano.
Me gozo, pues, en menguar.

Canto cuarto

UN PLATO ENSANGRENTADO

Por entonces lucha Antipas
contra el padre de la esposa
que su vida lujuriosa
lo ha inducido a desechar;
y el profeta, que se oculta
para no estorbar al Cristo,
lo acusó, de todos visto,
de este incesto singular:

—Con la esposa de tu hermano,
que a la vez es tu sobrina
(¡oh mujer adulterina!),
violas tú tu propia ley.

Encarcelamiento del Bautista

Herodes apresa a Juan,
cuya única advertencia
le perturba la conciencia
con sus ínfulas de rey.
Ahogar la voz que acusa,
con la sangre del martirio,
oye ordenar su delirio
quien revuélcase en el mal.

Perfidias de Herodías

Herodías ofendida
busca amparo en la venganza,
ya que ha sido la matanza,
de su casa, el pedestal.
Ella sabe que en su tío,
ex cuñado, actual esposo,
ya no existe más reposo
por el eco de esa voz;
que lo asaltan mil temores
y que al Bautista respeta,
pues lo tiene por profeta
cuya causa es la de Dios.
También ve que todo vicio
es por él bien acogido,
que en Herodes tiene nido
cuanto engendra la pasión:
que lo pierden los aplausos,
que lo embotan los licores,
que por sórdidos amores
sacrifica la razón.
Todo aquesto ha de venderle
por el precio de la vida
del hombre que a su dormida
conciencia vino a azuzar.
Para aplauso, están sus días;
para beber, una fiesta...
y en su hija bien compuesta,
la mujer para desear.
Como cree que obtuvo el mundo
de su cuna nueva gloria
por la página en la historia
que a su vida dio el azar,
cada vez que cumple años
un festín llena la corte.
Piensa luego su consorte
que no habrá de sospechar.

La voluptuosa Salomé

Herodías a la sala
donde están los convidados,
por licores exaltados,
manda a su hija Salomé.
Sabrá bien cómo mostrarles,
en su danza sugestiva,
la figura más lasciva
que moldee algún corsé.
No defrauda su esperanza
la bellísima heredera
de sus dotes de ramera,
pues se inflaman de pasión.
Hasta el tío de su madre,
que también es tío suyo,
por su hijastra siente orgullo
y una impúdica afición.
Con el fin de asegurarla,
ciego ya en sus devaneos,
para pasto a sus deseos,
pórtase como Esaú:

—La mitad te doy del reino
(pues ve así su tetrarquía)
si hasta tanto en este día
de festín me pides tú.
Y quien va a pedir la vida
venerable del Bautista,
su respuesta, que está lista,
con aplomo se la da:
—Que me traigan en un plato
la cabeza que ha pensado
condenar como pecado
un amor muy viejo ya.

¡En el nombre de una infamia
pide un crimen más horrendo...!

Antipas... quiere dar

Siente así como un estruendo
sus ideas conturbar...
¿Negará lo prometido?
Quiere hacerlo..., mas la mira...
¡y a esa boca que suspira...
y a esos ojos... quiere dar!
Manda, entonces, a la cárcel
por el plato ensangrentado,
que a la madre en su apartado
Salomé presentará.
Pero el resto de aquel cuerpo
sus discípulos sepultan,
mientras, tristes, se consultan
si Jesús ya lo sabrá.

Canto quinto

Decide ir Jesucristo a Galilea
por la vía romana de Samaria.
Va en busca de la calma necesaria
que le niega la Judea, siempre infiel.
De propósito va por esas tierras.
Allá vive una raza de mestizos
que es víctima de escrúpulos postizos
de todos los judíos... menos de él.
El sol se ha convertido en una hoguera
cuando llega a Sicar al mediodía.

49

La samaritana

Va al pozo de Jacob por agua fría
con que apagar los fuegos de la sed.
Y el que impuso sus leyes a los mares
reposa allí, hidrópico, cansado,
con hambre, y mucho polvo en el calzado.
¡De un ser humano espera una merced!
Nada tiene con que sacar el agua,
quien creara la atmósfera y la nube
de que cuelga el vapor tenue que sube
para volcarse en lluvias otra vez.
Necesita pedirla a una extranjera
que opone sus prejuicios a un "judío"
y deja allí su cántaro vacío,
pasmada de estupor y timidez.
Esa pobre mujer samaritana

necesita más agua que el Maestro.
Las manchas de un pasado tan siniestro
pudieron hasta su alma percudir.
Al pensar que el perdón puede lavarla,
de la sed y de sí se olvida Cristo.
Cómo será la pecadora ha visto,
si la imagen de Dios vuelve a adquirir.
Y le ofrece dar del agua de la vida
que sacie para siempre los ardores
de la sed y las ansias interiores
que resecan su espíritu infeliz.
Él hará que su vida sea fuente
que salte para vida, y vida eterna.
La esperanza es tan grande y es tan tierna
que anhela ser mejor la meretriz.
Y prorrumpe en su anhelo de ser santa:

—Señor, dame esa agua, dame luego;
quizás apague pronto ese gran fuego
que no cesa de arder dentro de mí.

—*Te la daré, mas busca a tu marido.*

—Señor, pues ¿qué marido? ¿El que no tengo?

—*Que bien dices lo sé, te lo prevengo,*
pues que cinco anteriores se te han ido
y es ajeno el que hoy tienes junto a ti.

—Paréceme, Señor, que eres profeta.
¿Cómo puedes leer como en un rollo
la historia de mi vida, el gran escollo
que deshace la fe con que nací?
En Gerizim, el monte en cuya falda
nuestro padre Jacob cavó este pozo,
para culto del Todopoderoso,
ese templo se alzó que ves allí.
Mas vosotros tenéis otro más grande,
que es gloria de judíos y del mundo,
que, con tono frenético y rotundo,
proclamáis como casa de Jehová.
¿Quién tiene la razón? ¿Dónde se encuentra?

—*Jamás Jerusalén, ni vuestro monte,*

ni los muros que crea el horizonte,
al Dios Omnipresente encerrarán.
En el alma del hombre es donde reina,
cuando el alma está limpia de pecado.
Lo que busca el Señor no es un mercado,
como es hoy, el santuario de Israel.

—Cuando venga el Mesías, que es el Cristo,
las razas aunará bajo su imperio
y a todas por igual, el gran misterio
de Dios revelará. ¡Yo espero en él!

—*Yo soy, que hablo contigo* —le responde.

Mientras tanto, se asoman los discípulos;
y la mujer, temiendo del ridículo,
se olvida hasta del cántaro y se va;
se va para volcar lo que ha llenado
su conciencia de paz y de esperanza;
se va para contar del que descansa
junto al pozo... y aún sediento está.
Y repuestos apenas de su asombro
comienzan a rogarle que algo coma;
mas el Cristo, maestro del idioma,
su metáfora envía a responder:

—*Tengo algo que ignoráis que me sostiene:*
hacer la voluntad del que me ha enviado,
su obra terminar con gran cuidado
y a sus hijos, cual fruto, recoger.
Mirad también vosotros esos campos
blanqueando con la mies para la siega.
Os envío a segarlos, pues allega
quien gasta su energía en trabajar,
y el fruto de esta siega es fruto eterno.

Lo dice porque ha profetizado
que vuelve la del cántaro olvidado
con una muchedumbre del lugar.

—Venid y ved al hombre —ella decía—;
tal vez no se habrá ido con algunos
que le traen muy tarde el desayuno,
comprado con dinero en la ciudad.

Quizás es éste el Cristo que esperamos,
pues todo lo que he hecho me ha contado.
Sus ojos, que leyeron mi pasado,
dan imagen sensible a la verdad.
Cuando dijo también que era el Mesías
sus palabras entraron como flechas
que incendiaron las últimas sospechas
que opusiera a la fe dentro de mí.
Venid conmigo a verlo, sin demora;
veréis que Gerizim es muy pequeño,
que Dios, del universo autor y dueño,
no enciérrase en el templo que está allí.

La fe que arranca un milagro

Después que se traslada Jesucristo
del mar de Galilea al occidente,
su verbo, que sin par es elocuente,
derrama en sinagogas su poder.
Jamás repercutió con más volumen
en agitadas tierras levantinas
un eco como aquél que en sus colinas
la fama de Jesús sale a extender.

Allá en Capernaum la fama aquella
levanta la esperanza decaída
de un noble que da el mundo por la vida
de un hijo que comienza ya a morir.
Para las muchas horas de camino
que separan a Caná, sobre montaña,
recobran sus tendones fuerza extraña:
si halla a Jesús, el joven va a vivir.
El polvo le recubre la piel húmeda
y las piedras le muerden las sandalias;
se calan por el hueco de sus mallas
y beben sangre noble en ambos pies.

Con todas esas huellas del camino,

que ante un Dios amoroso nunca es traba,
cae al fin a los pies del que buscaba
contando ansiosamente su interés.
¿Qué más muestra de fe pudiera darle
que su viaje de toda una mañana
y el piadoso fervor, que a la ventana
del alma presto asoma al suplicar?:

—Señor, desciende luego, antes que muera
quemado por la fiebre que lo abrasa;
es bajada el camino hacia mi casa
construida a las márgenes del mar.

—*¡No creeréis, si no viereis las señales!*

fue la seca respuesta recibida;
mas esfuerza la voz desfallecida
para pedir de nuevo su favor:

—¡Oh! ven, ven; ¡ven conmigo antes que muera!

Y esa fe, que vence al mismo Cielo,
no habría de quedar sin su consuelo:

—*Tu hijo vivirá..., ve sin temor.*

¡Y le basta, tan sólo, como prenda
del ansiado milagro, esa palabra!
Aun vuelve imaginando que quien le abra
a su vuelta, de noche, será él.
No hay refugio mejor en los dolores
que una fe sin penumbras como es ésta;
nada arranca más pronto una respuesta
que los gritos que alienta en algún fiel.
Apenas en su casa se lo avista,
cada siervo se torna mensajero
de la cura del hijo del viajero...:

—Desde la hora siete está mejor.

Mas él no se sorprende: lo sabía.
Y cuenta quién salvó a su mozalbete:

—Era entonces algo así como las siete...
cuando me alivió Jesús el corazón.

Milagros por doquier

Es su paso un insólito espectáculo:
regenera a perversos pecadores,
los enfermos se libran de dolores
y a la muerte también le dice: —¡NO!

Cuanto sordo lo busca oye primero
la verdad más excelsa de los hombres;
los mudos, el más dulce de los nombres
pronuncian al decir quien los curó.
Los ciegos que la luz no conocían
en sus ojos la ven por vez primera;
quienes llegan de a rastra en su cojera
corren luego a contar de su poder.
Los mancos que lo encuentran baten palmas;
paralíticos, antes contrahechos,
se levantan y cargan con sus lechos
cuando apenas Jesús lo manda hacer.
Los leprosos que pierden los pedazos
se cubren de una piel como de niños,
al tocarles Jesús con gran cariño
sobre la inmunda llaga en fetidez,
y los atormentados de demonios,
al no divagar más en su demencia,
coordinan para él en la conciencia
su juicio inaugural de lucidez.

Aun en las aldeas de la Siria
proyéctanle apoteósico recibo.
Se alínean los enfermos a su arribo,
que, sanos, siguen luego en pos de él.
De esta suerte, se suma gran cortejo
de gentes de Decápolis, Judea,

Transjordania, la Siria y Galilea
que a su paso se apiñan en tropel.

Y se ofende Nazaret...

Sólo un pueblo hay allí que lo rechaza.
No puede ver en ese "carpintero"
sin título, nobleza ni dinero,
rabino de quien puedan aprender.
Es Nazaret. Se ofende ante el contraste
del claro pensamiento y la pureza
de Jesús, con la mente siempre aviesa
de quienes le recuerdan su taller.
De Isaías, el doblemente vate,
les lee la profecía
que pinta la grandeza del Mesías.
Ensalza la suprema libertad,
y así como anunciara ya en Sicar
a la samaritana convertida,
demuestra que en la obra de su vida,
se cumple con presente actualidad:

—*Lo que el hijo de Amós dijo hace siglos*
os vibra nuevamente en el oído.
Sabed que esa Escritura se ha cumplido:
prenuncia lo que ahora mismo oís.
Diréis, pues no hay profetas en sus tierras:
«Si es cierto lo que dicen de su obra,
¿por qué alguna de ellas no le sobra
que ataje en nuestros labios un mentís?
Haga alguna señal en este pueblo
que ilumine el rincón desconocido,
donde, oscuro, sabemos que ha crecido.
¿No es éste acaso el hijo de José?
Si en aldeas extrañas hace tanto,
¿por qué entre los vecinos de su casa
su acción benefactora es tan escasa
que más de su elocuencia no les dé?»

Mas os digo que había muchas viudas
cuando en tiempo de Acab quedó cerrado
sobre el campo, de granos bien sembrado,
por tres años, el cielo de Israel;
mas ninguna su aceite vio aumentado
ni su harina por manos del profeta
como aquella fenicia de Sarepta,
cuyo muerto vivió a la voz de él.
Asimismo abundaban los leprosos
cuando el rey Ben—Adad sitió a Samaria
por castigo a las prácticas falsarias
de Israel, bajo el cetro de Jorán.
¿Cuál de ellos, no obstante, fue curado
por las raras virtudes de Elíseo
como fue, por su fe y por su deseo,
el general de Siria, Naamán?

Se entendió su lección: que no interesa
cuán rancia es la prosapia que a las venas
de sangre noble las mantenga llenas.
¡No los tiene por gente superior!
Deciden, por lo tanto, conducirlo
con la ira creciente que hay en todos
a su abrupta pared de treinta codos
y despeñarlo allí...
Mas aún no es la hora...
La sola autoridad de su persona
confunde al populacho, que abandona
sin quererlo, su instinto criminal.
Lo temen y lo admiran cuando pasa,
pues ven su majestad, ¡y tan sin velo!,
que su ardiente pasión tornase hielo,
y él va a Capernaum, su capital.

«Toma tu lecho y anda»

El imán de otra pascua, a los caminos,
que de flores bordeó la primavera,

los fieles atraídos por doquiera
derrama sin cesar, pues ya es Nisán.
Jesús presenciará también la fiesta;
por eso pasará frente a las mieses
que reemplazan las vistas hace meses
que ahora no están más, pues ya son pan.

Allá en Jerusalén, frente a un estanque,
ve multitud de ciegos, cojos, secos,
que atrajeron allí los embelecos
urdidos sobre un ángel de poder
que a sus aguas, revueltas por sorpresa,
transmite tal virtud de curaciones
que salud halla en esas ocasiones
el primero que logre descender.
¡Qué cuadro el que contempla allí en Betesda!
Junto al mármol muy blanco de la fuente,
cuyas aguas en forma intermitente
dieron pábulo a tal credulidad,
yacen cuerpos que ya ni son más cuerpos,
envueltos en inmundos cobertores,
esperando ser libres de dolores
con tal superstición e ingenuidad.
¡No puede más! Los ojos se le empañan;
se humedecen con lágrimas de pena
por efecto sutil de aquella escena
del drama del pecado que hay allí.
Ninguno lo conoce en ese grupo,
por eso es que las quejas, con su lloro,
no se truecan en súplicas en coro,
como en Capernaum oye el Rabí;
mas igual repercuten sus palabras
en el fondo de un alma indiferente
(si es que hay almas aún entre esa gente)
que alientan la esperanza de vivir.
Más que piel, es un saco donde hay huesos
lo que ve de un enfermo más que magro,
y en quien ejecuta otro milagro.
No puede el Señor más que prorrumpir:

—*Toma tu lecho y anda...*

Cuando nota que aún en este grado
de miseria en que vive ese baldado,

su espíritu alimenta alguna fe,
su voz que al vil polvo de la tierra
vistiera de su imagen creadora,
la energía vital derrama ahora
sobre el desecho humano que allí ve.
Los tendones tan laxos, siente tensos,
se incorpora con ímpetu de atleta,
mira el rostro sereno del «Profeta»,
se postra ante sus pies para adorar,
recoge su vetusta y pobre estera,
devuelve al Sanador una sonrisa,
se enjuga bien los ojos y, de prisa,
se abre paso entre la turba: va al hogar.
Y es un sábado, el día de reposo
que allí lo hibridizaron con los ritos
que en sus leyes Moisés no dejó escritos:
mandatos de rabinos, nada más.
Al verlo con su lecho,
la gente piensa más en sus prejuicios
que en el don que libera de suplicios
a los cuerpos que hiere Satanás.

Magnates eclipsados

Se enardecen de envidia los magnates
y allí mismo deciden darle muerte.
¡No pueden tolerar que sea tan fuerte!

Sólo esperan sellar su labio audaz...,
mas vuélvese Jesús a Galilea,
rodeado de una inmensa muchedumbre
que eleva su nombre hasta la cumbre
de una gloria que no se vio jamás.
De aquella multitud, bajo la bóveda
celeste, tan preñada de misterio
como lleno de arcano está el imperio
de Dios en su insondable infinitud,
ordena por apóstoles a doce.

De sus obras se harán los pregoneros;
resonancia darán a sus discursos
que, paralelos al tiempo en su decurso,
serán prolongación de su virtud.

Canto sexto

EL SERMÓN DE LA MONTAÑA

Las bienaventuranzas

Sed bienaventurados
los misericordiosos, si el dolor
del prójimo aliviáis con el amor;
si lo veis como igual
y le brindáis sin tasa
de lo que sois, sabéis o disfrutáis
sin medir ni sumar cuanto le dais,
trocando en bien su mal.

Sed bienaventurados,
si limpio corazón lleváis adentro.
Tal es el templo sacro del encuentro
del hombre y el Señor.
Así se cae el velo
con que cubre la culpa los sentidos
y al fin, junto a los fieles redimidos,
veréis por siempre a Dios.
Sed bienaventurados
los pacificadores de la tierra
teñida con la sangre de la guerra.
Como eco a vuestra voz,
oiréis mil gratitudes;
en bocas do en sonrisas troquéis llantos
seréis llamados justamente santos,
pues sois hijos de Dios.

Y bienaventurados,
si aún os vituperan por mi nombre
y os arroja calumnia vil el hombre,
tendida como red.
Gozad más bien por eso,
que así persiguieron a profetas,
con quienes obtendréis, con la trompeta
final, vuestra merced.

Sal de la tierra y luz del mundo

Sois la sal en la tierra,
que la saturaréis, y de tal suerte,
que evite prematuro hedor de muerte.
Vosotros sois la sal,
que el molde de la vida
debéis llenar con goces de lo puro,
con muestras de las dichas del futuro,
con vida celestial.
Asimismo vosotros
que sois la sal también sois luz del mundo.
Habéis de penetrar en lo profundo
del valle del dolor;
y en la más alta cumbre,
rodearos de la más luciente gloria
que estampe en vuestra frente la victoria
constante del amor,
pues lámpara encendida,
no pónese debajo de la mesa,
que sólo su presencia allí interesa
si es lumbre del hogar.
Delante de los hombres,
vosotros sois igual con vuestras luces;
aun glorificad en vuestras cruces
al Padre, sin cesar.

La ley eterna

Mas no penséis que vengo
para abolir la ley o los profetas.
El universo entero la respeta
por orden del Señor,
y mientras esta tierra,
los soles por millones y sus mundos
no caigan en el caos más profundo,
la ley tendrá valor.
Jamás caducará.
Ese Decálogo es la eterna norma
promulgada por Dios. ¿Hubo reforma
en su ley con que rige el firmamento?
¿Por qué habría de cambiar los mandamientos,
si el carácter de Dios es siempre igual?
Pues menos que pequeño
será en el Reino eterno de los Cielos
quien ceda al sacrilegio en locos duelos
contra el dique moral.
Medid la vida mía
con la vara de aquesta ley eterna
por la que el universo se gobierna.
Me la veréis cumplir,
pues vine a engrandecerla.
He aquí sus proyecciones encubiertas
(oíd con la razón y mente abiertas
lo que os he de decir):

«Mas yo os digo...»

En términos muy breves,
que la mente de Dios no eligió ambiguos,
oísteis que fue dicho a los antiguos
así: No matarás;
mas os digo yo ahora

que el enojo, la ira y el insulto
no tienen de la ley mayor indulto:
matar es poco más.
Oísteis que fue dicho:
«No adulterarás»... mas yo os digo
que al mirar con lascivia, igual castigo
merece quien miró.
Sabéis que los antiguos
mostraron su verdad con juramentos,
mas os digo que sean documentos
vuestro si, o vuestro no.
También «ojo por ojo,
diente por diente» oísteis que fue antes,
mas digo que con gestos arrogantes
no resistáis al mal,
y dad al que os pidiere;
dad aún la mejilla sinïestra
si os hiriere algún cínico en la diestra;
jamás le hagáis igual.
«Amarás a tu prójimo
y aborrecerás a tu enemigo...»,
mas distinto, de nuevo ahora os digo:
también a éste amad.
Para quien os maldiga,
conservad bendición a flor de labios.
Obrad así: sed santos y sabios,
y al Dios Padre imitad.
Sin dejar de ser justo
él, su sol y su lluvia bienhechores
sobre justos envía y pecadores,
a todos por igual.
Si amáis a los que os aman,
¿qué hacéis vosotros más que los gentiles
que dan por sus amores más febriles
regalo espiritual?

La perfección

Sed vosotros perfectos,
que perfecto es el Padre de los Cielos.
Así lo alcanzaréis con esos vuelos
que bate el corazón.
La idea de imitarlo
no es utópico sueño de poeta:
su carácter perfecto es vuestra meta
y es vuestra vocación.
Seréis aquí perfectos
cada vez que marchéis siempre adelante
sin deteneros nunca un solo instante,
que parar es caer.
Seréis al fin perfectos
cuando la eternidad abra sus puertas
y con caras gloriosas descubiertas,
veáis su amanecer.

Verdadera caridad

Mas cuando hacéis limosna
pensad sólo en el hambre satisfecha,
en la cabaña triste que ella techa,
jamás en galardón;
gozaos por los cuerpos
desnudos que arropáis cuando hace frío,
o el amor volcado en el vacío
que sienta un corazón.
No sea precio infame
que paguéis por aplausos de los hombres
o por fama que nimbe vuestros nombres
con brillo mundanal;
si buscáis eso, sólo
tendréis la recompensa de la tierra
que el camino del Cielo a veces cierra

El sermón de la montaña

para perpetuo mal.
Que vuestras oraciones
no busquen en las calles auditorio
ni en el templo se tornen acto notorio.
Lo que complace a Dios
es modesto silencio
de cámara secreta o de desierto,
porque así encontraréis un Cielo abierto
que acoja vuestra voz.

Padre Nuestro

Oraréis: **Padre nuestro,**
que nos mandas amarnos como hermanos;
que estás en los cielos, *mil arcanos*
trazando tu compás:
santificado sea
tu nombre *por labios sin perjuros,*
por los nuestros, Señor... que sigan puros
...ni se manchen jamás.
Venga tu reino *pronto,*
que nos cansa el bordón entre la atea
turbamulta que nada cree; **sea**
hecha tu voluntad

aquí **como en el cielo,**
pues son muchos los odios y las guerras.
Señor, **así también en la tierra**
de nuestra humanidad.
Danos hoy nuestro pan
cotidiano *que nutre cuerpo y alma;*
que nunca lo comamos sin la calma
que otórganos la paz.
Y perdónanos, *Padre,*
nuestras deudas *contigo y con el hombre,*
si no hemos hablado de tu nombre
con cada contumaz,
como también nosotros

perdonamos a nuestros deüdores.
Que jamás se alimenten los rencores
de nuestro pobre ser.
Y no nos metas *nunca*
en tentación, mas líbranos del mal
porque tuyo es el reino *espiritual*
que ansiamos **y el poder,**
y la gloria *y el bien*
por todos los siglos. Amén.

Los tesoros del Cielo

No busquéis la riqueza
que el incendio consume en una hora,
al que todo esto devora:
guerra, tiempo, polilla... u orín;
que no evita la muerte,
ni llevaréis con vosotros a la tumba,
ni tanto su metal después retumba
que os despierte al fin.
Si está aquí en esta tierra,
detrás de vuestra vista así absorbida,
dejaréis, como fuente de la vida,
por siempre el corazón.
Ponedla allá en los Cielos,
donde no habrá embusteros ni ladrones,
ni tacaños, ni avaros, ni millones
que exciten ambición.
Si tenéis aquí tesoros,
subyugadlos al bien, siendo señores.
Jamás seáis esclavos, servidores
sumisos de Mamón;
si amáis tanto el dinero,
de cierto aborreceréis al Dios del cielo.
(El oro es una trampa, es un señuelo
que arrastra a perdición.)'

67

El sermón de la montaña

¿Por qué afanarse?

No más por vuestra vida
bebáis la amarga hiel de la congoja;
ved las aves: desgranan la panoja
sin tener alfolí,
sin que siembren ni sieguen;
¡el mismo Creador las alimenta!
Si hasta a ellas mi Padre tiene en cuenta,
¿por qué os turbáis así?
¿Veis los lirios del campo
tejiendo su vestido primoroso?
Quien los viste es el Todopoderoso,
pues no hilaron jamás.
Si a la efímera hierba,
creada para el hambre o para el horno,
la engalana el Señor con tanto adorno,
vosotros tendréis más.
Luchad primeramente
por el reino de Dios y su justicia;
temed la sordidez de la avaricia...
que lo demás vendrá:
será la añadidura
que hallaréis en el día de mañana,
después de abrir la gracia su ventana
que dones volcará.

Comprender..., no censurar

Jamás queráis ser jueces...
¡Si más noble es el acto del que aboga!
Teje la hipocresía muchas togas
que aun a jueces da Luzbel.
Jamás juzguéis motivos,
pues el Dios que los lee en la conciencia
en los vuestros no ve tanta inocencia

que os iguale con él.
El que juzga a los hombres
se da el lugar de Dios, el Juez Supremo;
tal gesto de impostor y de blasfemo
su culpa aumentará,
pues la misma medida
que usáis para medir yerros ajenos
será la de los moldes que bien llenos,
¡su ley os pedirá!
No miréis, pues, la mota
que acaso descubráis en ojo hermano;
sujetad vuestro índice en la mano
si allí quiere apuntar;
quitad más bien la viga
que ciega vuestro espíritu, sin duda;
después, llenos de amor, yendo en su ayuda,
se la podréis mostrar.

La Regla de Oro

Y más: todas las cosas
que en los hombres buscáis con visos bellos
ofrecedlas primeramente a ellos
así como queréis.
No es virtud suficiente
la ausencia de lo malo en una vida,
si está la voluntad como entumida
que no realiza el bien.
El árbol con sus frutos,
en la sinceridad de su mutismo,
nos dice tal verdad sobre sí mismo
que se lo ve cual es:
jamás se cogen higos
en abrojos ni uvas en espinas,
ni se halla entre malezas del camino
jamás la buena mies.
Por eso no es bastante
decir: «Señor, Señor», sólo de boca,

si el alma sigue descarriada y loca.
Falsa es la profesión
de una fe que no rige la conducta.
Quien sólo contra el vicio ladre,
sin guardar los preceptos de mi Padre,
no habla del corazón.
Oír estas palabras,
que son del Reino eterno pura esencia,
sin fijarlas cual gema en la conciencia,
es torpe necedad.
He aquí su semejanza:
construir sobre arena movediza
la mole de una casa, que hará trizas
la primera tempestad.
Mas quienes las observan,
la edifican muy firme sobre roca:
Si sopla el vendaval con furia loca,
si hay lluvia diluvial,
si la embaten torrentes
desbocados que envían las montañas,
si la noche es muy fría, asaz oscura,
su casa estará incólume, segura,
como burlando el mal.

Canto séptimo

ENTRE FARISEOS Y ESCRIBAS

—Para juicio he venido:
porque miren los ojos no videntes
y admitan su ceguera muchas gentes.
Desconocen su propia ceguedad
los príncipes y escribas;
tienen los ojos cerrados los rabinos;
los levitas confunden los caminos
y anda el pueblo en muy densa oscuridad.

El verdadero Pastor

Porque de cierto os digo
para daros razón de vuestros celos
que os llevan vuestra paz en sus desvelos,
cómo es el buen pastor.
Quien no entra por la puerta
y asusta con su salto a las ovejas,
las espanta, las hiere y las aleja,
tan sólo es robador.
Al pastor verdadero
reciben con sus brincos de contento,
pues conocen desde lejos el acento
afectuoso de su voz.
No arrea del aprisco;
llamándolas por nombre, va adelante,
porque todas sus ovejas al instante,
de él se van en pos.
Aun las más sencillas

desconocen la voz de los extraños
que vienen a robar en los rebaños,
cual lobos, y a matar.
Yo solo soy la puerta
por donde entran confiadas las ovejas
con heridas, dolientes, y las quejas
de su ingenuo balar.
Innúmeros farsantes,
entraron al corral con mucho engaño
para comer la carne del rebaño,
matar y destruir.
Mi afán es darles vida.
Yo soy el buen pastor, y las abasto
con agua cristalina y tierno pasto.
Las vine a redimir.
Pastor asalariado
abandona el redil en viendo al lobo
cuando apresta los dientes para el robo.
Yo soy el buen pastor
que amo entrañablemente a mi rebaño
y respondo solícito a sus quejas.
La vida vine a dar por mis ovejas.
Yo soy el buen pastor.
En el redil ajeno
yo he visto de las mías extraviadas
que tengo de reunir en mis majadas,
y habrá un solo rebaño y un pastor.
Por eso me ama el Padre:
que por ellas mi vida de Vicario
la tornen holocausto voluntario
las cuerdas de mi amor.

¿Dios o demonio?

Algunos dicen:

—¡Este es del demonio!
¿Por qué lo oís? ¡Es un enajenado!

Y otros:

—No parece endemoniado.
¿Quién puede, si es del diablo, abrir jamás
los ojos de los ciegos?

—¿Hasta cuándo se oirá de tu doctrina?
¿Por qué no nos demuestras que es divina
con verbo transparente, sin disfraz?
Si eres el Cristo —inquiere un fariseo—,
dilo, pues, sin rodeo, abiertamente.

—*¡Cómo os falta memoria de repente!*
Lo dije y no creéis.
Las obras que os espantan,
en nombre de mi Padre consumadas,
no las hago de noche en las quebradas.
¿Acaso no las veis?
No sois de mis ovejas.
Las mías me conocen; si las llamo,
vienen a mí más rápido que el gamo
porque entienden mi voz.
Así me las dio el Padre.
Vosotros sois carneros del rebaño
que, detrás del autor de todo engaño,
también corréis veloz.

—Mereces que las piedras
que ya se nos escapan de las manos,
te enmudezcan los labios, siempre vanos,
que debieran callar.

—*Todas mis buenas obras,*
¿no contemplaron vuestros propios ojos?
¿Por cuál se han despertado esos enojos
que al crimen van a dar?

—Tu culpa es la blasfemia
porque, siendo el más pobre de los hombres,
en loca vanidad, te das un nombre,
semejante al de Dios.

—*Si no hago maravillas,*
no creáis que del Padre he descendido;

mas si veis su virtud, prestad oído
que uno somos los dos.

Al ir ellos por piedras,
las evade: les quedan en las manos,
y va a la Transjordania, entre paganos,
buscando entre sus riscos, soledad.
Allá muchos lo aceptan.
Comentan, admirándolo a la vista,
sus retratos en labios del Bautista:

—¡Todo cuanto nos dijo era verdad!

«Lázaro, levántate»

Enviado con urgencia de Betania,
con rostro *fatigado*, muy austero,
de hinojos cae a sus pies un mensajero.
Le informa de que Lázaro está mal.

—*Su enfermedad —responde— no es de muerte;*
será en ella mi gloria revelada...

Y a dos días la nueva recordada,
comunica que irá a la capital.
No pueden soportar el pensamiento
sus discípulos, de ir rumbo a Judea:

—¿Tan rápido abandonas esta aldea
de paz y de reposo, y vas allá
donde hay quienes ansían apedrearte?

—*Lázaro, nuestro amigo amado, duerme*
y, aunque a tierra hostil regrese inerme,
lo voy a levantar de donde está.

Y piensan en el sueño
que repara las fuerzas desgastadas

y cura las heridas asestadas
en el alma por hierros del dolor:

—Si así duerme, Señor, salvo estará.

La prueba de los suyos es más dura,
y Jesús muestra la copa que se apura:

—*La muerte le tronchó la vida en flor.*
Mas por vosotros huélgome
que no haya estado allá donde lo lloran,
porque más creeréis saliendo ahora.
Vayámonos a él.

Con unción y valor habla Tomás:

—Si lo esperan con piedras los judíos
y no logran salvarlo nuestros bríos,
muramos, cada cual siéndole fiel.

La casa encuentran llena
de gente que conforta a las hermanas,
más ahogadas en lágrimas humanas
porque el mayor consuelo no está allí.
Va Marta a recibirlo,
y se afirma en un pliego de su manto
porque roba sus fuerzas tanto llanto
que apenas le permite hablar así:

—Si tú hubieras estado,
quien tanto te llamó no habría muerto,
no existiría el luto que ha cubierto
de negro nuestro hogar y el porvenir.
Aun todo ahora espero
de las súplicas tuyas por nosotras,
pues tu voz elevada en muchas otras
al cielo en su abundancia he visto abrir.

—*No temas, hija mía,*
que resucitará tu amado hermano.

—Lo sé, en el día postrero. Él no en vano
pasó por este mundo en santidad.

—¿Me aceptas por el Cristo?
Soy la resurrección y soy la vida
que puedo despertar almas dormidas:
soy el Verbo en eterna potestad.
¿Así lo crees, Marta?

—Sí, Señor; sé muy bien que eres el Cristo
venido a este mundo, donde has visto
las lágrimas amargas inundar.

Va en busca de María
traspasada de angustia, echada en cama:

—Ha llegado el Maestro. Ven. Te llama.
Date prisa. Reprime tu llorar.

Se estremece al oírla.
Como herida de un rayo, la que llora
se anima, se serena, se incorpora
y se encamina en busca del Señor.
Algunos, cuando sale
como fuera de sí de su lugar,
suponen que a la tumba va a llorar,
y anhelan ir con ella en su dolor.
Ante Cristo derriba
el cuerpo que por él es casto ahora
y a sus plantas de nuevo llora y llora...
Repite lo que Marta dijo ya:

—Si tú hubieras estado viviría
mi hermano, que tú amabas como a un hijo.

Al oír que en sollozos esto dijo,
pregunta conmovido dónde está.
Lo llevan al sepulcro.

La losa que lo cubre ve sellada,
como puerta infranqueable, que en la nada
lo esconde de la vida y de la luz.
¡Y cómo se conmueve...!
Las penas de este mundo ve tan fuertes
que ante el dominio frío de la muerte,
también llora Jesús.

—Mirad cómo lo amaba
—comentan con piedad ciertos judíos—;
mas otros, con desprecio y desafío:

—Si hacía ver a ciegos su virtud,
¿por qué no impidió que éste muriera?

Se oye entonces su voz solemne y grave:

—*Quitad la piedra. Nadie menoscabe*
la fuente de salud.

Y Marta se adelanta:

—Por cuatro días cúbrenlo las sombras.
Si abres esa fosa nos asombras,
¡Señor, pues hiede ya!

La reprende el Maestro:

—*¿No oíste que de Dios verás la gloria*
que aún sobre el sepulcro da victoria?
¡No importa cómo está!

Y todos obedecen:
la piedra, asaz pesada, se hace leve
porque es la expectación quien la remueve
por orden superior.
Con aprensión suprema
divisan en las fauces de la fosa
los lienzos del sudario. ¡Y reposa
Lázaro todavía en su interior!
Luego el Señor, los ojos hacia arriba
levanta en oración. Queda en suspenso
todo el mundo, ante el acto tan inmenso
que acaba de anunciar:

—*¡Oh Padre, te doy gracias,*
que desde que me enviaste me has oído;
que sepa este concurso que has cumplido
mostrando hoy a Shiloh en este lugar.

La oración acabada,
su voz alza un clamor de esta manera,

llamando al que está muerto:

—*¡Lázaro, ven afuera!*

Y Lázaro salió liado en sus vendas
y envuelta la cabeza en el sudario.
Lo que hacer puede el hombre voluntario,
Jesús no realizó.
¿Qué más podría hacer el redivivo
que admirarlo al volver a abrir los ojos;
y su primera acción, caer de hinojos,
sin ensayar la voz,
a sus pies polvorientos?
Lo abrazan sus hermanas.
Jamás habrá en Betania otras aldeanas
más felices que esas dos.

Designios siniestros

—Son tales sus milagros
que el pueblo ya lo aclama en cada villa,
seducido por tanta maravilla
—confiesan los del templo en desazón—.
Lo han hecho su campeón.
Si no se lo impedimos,
¿qué no harán con nosotros los romanos?
Opulentos se harán los publicanos,
con el lucro que habremos de perder.

—Nada sabéis vosotros
—dice la suficiencia de Caifás,
de la jauría el peor lobo rapaz
que es el sumo pontífice a la vez—.
¿Dudáis que sea conveniente
que por el pueblo todo muera un hombre?
¡Salve así a la nación! Pues en su nombre,
que muera.
Elocuente es como juez,

mas mayor fue su aliento de profeta;
no salvará al morir a un pueblo solo:
será la humanidad, de polo a polo,
quien verá en su martirio, redención...
Su osadía decreta apresamiento
para quien abre puertas de la muerte
y sus víctimas inertes
reanima como en nueva creación.

Interesa que vuelva de Perea
porque en Jerusalén está la trampa.
Ya el contrato está hecho con el hampa
que lo aprese en desértico lugar.
Por su parte, los propios fariseos
trasponen el Jordán con su artimaña:

—Herodes te persigue con gran saña.
Te conviene sus términos dejar.

—*Decid a aquella zorra*
—les responde— *que iré por sus ciudades,
obrando entre las gentes sanidades
por hoy y por mañana en libertad;
que pasado mañana continúo
porque en Jerusalén, la ciudad bella,
es donde los profetas todos sellan
con sangre su lealtad.*

Ve en esos mensajeros
enviados por el odio y por la envidia,
en símbolos vivientes, la perfidia
de la rebelde y réproba ciudad;
pero también hay justos,
a quienes prevendrá de estos ardides,
porque triunfen de ellos en las lides
del engaño sutil con la verdad...

Canto octavo

OMNIPOTENCIA

Ante la voz de Cristo,
la verba de rabinos, ahuecada,
se parece tan sólo una humarada
de apagado tizón;
pero él no trocaría
por púlpitos y cátedras del mundo
jamás el vasto campo, más fecundo,
de su ardorosa acción.
Y sale derramando
de su germen prolífico en el yermo
del alma quebrantada del enfermo...
o donde halle dolor...

Dos giras misioneras con los doce
realiza con poder en Galilea;
va dejando en las tierras que rodea
sus huellas de bondad.
Realiza por doquiera sanidades
e inculca con parábolas geniales,
aspiraciones, ansias, ideales
y amor por la belleza y la verdad.
Ya un alud humano lo persigue:
los pobres, los enfermos, los curiosos,
los rabinos con dilemas capciosos,
los que admiran en él la santidad,
los que piensan que es un taumaturgo.

Algunos ven a Dios en sus señales;
otros esperan glorias nacionales
de su notoriedad.

Deseando rehuir el espectáculo,
decide navegar a otra ribera
donde incógnito y solo estar quisiera.

Sale en busca de quietud
porque su cuerpo humano está cansado
de conducir a un Dios que se prodiga
sin tasa, sin fatiga.
Lo agobia por demás la multitud.

La tormenta le obedece

Las olas van meciendo el barquichuelo
con la monotonía que da sueño,
disminuye el afán, quita el empeño.
Queda el cosmos sin ley: Dios va a dormir.
Por fin Jesús se acuesta.
Surge al punto una tormenta;
es tanto lo que dura y lo que aumenta
que al velamen endeble hace crujir.
Es tan plácido el sueño del Maestro
y tal su agotamiento conocido,
y es tanto lo que aman al dormido
que no lo despiertan los demás;
pero es recia la racha que de rocas
de unas cumbres muy frías de un costado
pronto recibe el mar recalentado.
Ya el barco y los remeros no dan más.
Si no los salva él,
muy pronto se irá a pique el barquichuelo.

Mas está negro como nunca el cielo,
asorda el ventarrón con su bramar
y el resbaloso piso tambalea.
Su voz, que con el pánico se alienta,
cual suspiro, se pierde en la tormenta,
mientras fauces hambrientas abre el mar.
Al dar con él, durmiendo todavía,
se escapa un grito férvido de miedo:

—Señor, hemos luchado con denuedo,
pero el barco zozobra sin cesar.

¿No ves que perecemos, sumergidos
en el piélago inmenso y alocado,
por los vientos del norte emborrachado,
cuyas furias desata Satanás?

Y el que llamó del caos a la atmósfera
increpa ahora al viento borrascoso:
todo queda en silencio y en reposo.
La escena es estupenda y da pavor;
provoca la emoción de lo sublime
que es angustia si pasa de un momento,
pues suspende del todo el pensamiento
su mezcla de placer y de dolor.

—¿Quién es éste —preguntan azorados,
con mayor certidumbre del Mesías—
que reconcentra en sí tal energía
capaz de reprender al huracán,
por cuya voz se aquieta así el oleaje,
se disipan los negros nubarrones
y ordena las mayores confusiones
la sola autoridad de su ademán?

Dos orates curados

Al llegar a la orilla gerasena
donde busca reposo para el músculo,
su amor que de crepúsculo a crepúsculo
se expresa con la acción, no cesará.
Dos orates perturban la comarca
viviendo en cavidades de unas rocas,
sepulcros aún vacíos, como bocas
muy hambrientas. ¡Qué inmensa pena da
ver tan rotos los trapos que les restan,
rota también la piel semidesnuda
y rota la razón, que no saluda
la llegada de Jesús!
Su apariencia es de espectros verdaderos

salidos de sepulcros ocupados;
repugnancia y horror causa su estado
con la acción despiadada de la luz.
Mas a aquellos engendros del demonio
los convierte Jesús en monumentos
ambulantes, dotados con su aliento,
que anima la elocuencia de su voz.
Tienen el argumento del milagro
del cuerpo repulsivo transformado,
la razón extraviada que ha tornado
y la paz que disfrutan ellos dos.

Sigue ciega Nazaret

Precedió sus vacaciones,
con tal fuerza su verba diamantina
que por toda la sorda Palestina
sacudió a la multitud.
Mas después de la noche sobre el lago
no fueron las palabras sus semillas:
fue dejando un tendal de maravillas
que hablaron con idéntico poder...
Con la gravitación de tanta gloria
que hunde hasta el prejuicio del pagano,
visita a Nazaret. Mas allí es vano
su afán de iluminar la ceguedad:
otra vez le recuerdan su familia
de modestos artesanos
y nombran a su madre y sus hermanos
como excusas de su incredulidad.
Mas todos los atónitos testigos
de sus obras, creen ver a Elías
o a un profeta de más gloriosos días
y Espíritu de Dios obrando en él.
Hasta Herodes Antipas
cree que es Juan el Bautista redivivo,
caído por un sórdido motivo
de los muchos que inspírale Luzbel.

Los doce apóstoles

Como el águila lanza a sus pichones
al abismal vacío sin escalas
para probar la fuerza de sus alas,
a sus doce también lanzó Jesús
de a dos en dos por el mundo.
Retornan ahora entusiasmados.
¡Aun los endemoniados
abrieron la conciencia ante la luz!
La lección hoy requiere confidencias,
lejos de la muchedumbre
que al Mesías ubica ya en la cumbre
del poder, como héroe nacional...
y el lago azul aquel cruza de nuevo;
mas la gente, cubriendo las praderas,
va a esperarlo con ansia en las riberas.
Quiere oír su palabra sin igual.
Le parece un rebaño abandonado,
al Divino Pastor, aquel gentío,
con su angustia, su culpa y su vacío.
¡Conmuévenlo su estado y su dolor!
Por tan sólo un momento queda a solas
con los suyos en medio de las olas;
después, con mil enfermos en redor.
A aquella multitud le sobra tiempo.
Quédase, pues, famélica en la playa.
¿Quién puede persuadida a que se vaya
siquiera recordándole que el tul
de la noche al caer en los caminos
será denso, muy negro: azabachado?

Panes y peces

No existe pan allí, ni habrá pescado,
pues va quedando negro el mar azul.

Y hablan al Maestro los discípulos
en nombre de la hambrienta concurrencia:

—Señor, como medida de prudencia,
¿por qué no los despides al hogar?

—*Mejor dadles vosotros alimento.*

—¿Con sólo cinco panes y dos peces
que un párvulo muy cándido te ofrece,
pues piensa que los puedes aumentar?

—*Veréis cuán razonable es ese niño*
y os cansaréis de recoger las sobras;
en tanto, demostrad la fe por obras:
organizad a esa multitud;
agrupadla de a ciento y de a cincuenta;
del concurso, que nadie esté disperso,
pues el orden que impone al universo
Dios exige al mostrarnos su virtud.

Y a la luz cenicienta de la tarde,
ve que todo el concurso allí descansa
con mirada de amor y de esperanza.
Se para con serena majestad.
Permanece callado. ¡Qué silencio!
Levanta un ademán y la mirada.
Pide entonces al Padre que le añada
a esos cuerpos y almas, saciedad.
Y abunda pan y abundan peces
que en su nombre les llevan a la gente
sus dichosos discípulos y agentes.
Después juntan de peces y de pan
como doce canastos con pedazos
dejados por las bocas satisfechas.
Y aquello simboliza las cosechas
que las siembras de fe producirán.

No es Rey de este mundo

Y la masa entusiasmada ofrece el premio
que da la humanidad en cuanto encuentre
quien le sacie las ínfulas y el vientre:
quiere coronarlo rey;
pero desprecia reinos terrenales,
súbditos, cortes, cetros y palacios
quien tiene un solio eterno en los espacios,
donde giran mil mundos a su ley.
Los doce que aspiraban a ser nobles
de un imperio que uniera monarquías
bajo el mando supremo del Mesías,
consideran colmada su ambición.
¿Qué podrán esas águilas romanas?
La virtud sin igual de su Caudillo
sanará las heridas del cuchillo,
nutrirá sus legiones sin vituallas
y al caído alzará en resurrección.
Y el «Rey de Reyes», frente al extravío,
toma su autoridad de soberano:
dispersa a aquella gente por el llano,
manda a los suyos a Capernaum
y queda solo; solo en las tinieblas
impetrando desprecio por la gloria
de los reinos que engúllese la historia
y por la admiración del hombre, aún.

Sobre el estrado de las aguas

Bogando descontentos en el lago,
los barqueros, hambrientos de influencia,
se reprochan prontitud en la obediencia.
¿Por qué no estimular la decisión
del Maestro en su gran encrucijada;
su timidez, suplir entre los doce;

ser los héroes del acto que destroce
las fuerzas que esclavizan la nación?
¡La energía más rica de sus almas
por ciega sumisión, tan inhibida!
¡La meta más ansiada de su vida,
su exceso de respeto echó a perder!
¡Cuán distinta, la gloria del Maestro
y cuán otra también la propia suerte,
si hubiera sido cada cual más fuerte!
¡Sus manos empuñaran ya el poder!
A sus cavilaciones delirantes
sólo viene a interrumpir una tormenta
que se anuncia en el agua turbulenta
que al barco bamboleante va a azotar.
Sin darse tregua, luchan con las olas,
aunque crujan los remos y se tuerzan;
mas huye al fin del músculo la fuerza
y van a la deriva en alta mar.

¡Cuán frágil, la memoria de estos hombres!
¡Tienen todo, esa noche, por perdido!
¿Cómo pudo cubrir así el olvido
los milagros recientes del Señor?
Pensaban haber sido abandonados;
pero él vigilaba en la ribera
la noche, el vendaval y su ceguera.
Al ir a liberarlos del horror,
suspende una ley del universo
para ir sobre el agua rumbo a ellos;
al ver ondearle al viento los cabellos
y su túnica blanca flamear,
con el lampo de un rayo intempestivo,
lo toman por satánico fantasma,
y estremécelos el pánico y los pasma.
Se creen ya engullidos por el mar.

—*Confiad, yo soy, no tengáis miedo*

—les dice una voz grave y conocida—.
Se oye entonces de Pedro esta salida:

—Señor, dime que vaya, si eres tú.

Oye la voz de «Ven», y deja el barco.

¡Qué lujo es caminar sobre el estrado
del mar, por un milagro sosegado
después que lo ha agitado Belzebú!
Se vuelve vanidoso hacia sus pares
que ven ya sin peligro de las olas
el barco que ha cesado sus cabriolas.
No ve más a Jesús y pierde pie;
siente subir el frío de las aguas
que el orgullo le hiela en la cabeza.
Cuando grita, aterrado, en su flaqueza,
levántalo una mano que no ve.

Mojando aquella mano llega al barco
que, por orden de Jesús, está en bonanza.
Renace en esas almas la esperanza,
junto al autorreproche que se dan.

Lo esperan en la playa de destino
mil enfermos de mil comunidades
y otros mil con sus mil necesidades
y mil pobres que piden nuevo pan.

La falsedad desenmascarada

La sinagoga, adonde se encamina,
no puede contener tantos miliares
que, muy lejos, dejaron sus hogares
y al cebo del milagro están allí.
Sólo en su voz potente existe alcance
y en su pecho robusto sobra aliento,
que ante esa multitud, siempre en aumento,
se imponga al alboroto y frenesí:

—*De cierto ahora os digo*
que no venís aquí por mis señales.
Panes, peces, bienes materiales:
eso sólo buscáis.
No ansiéis por la comida,

corruptible materia que perece;
obtened la que es viva y permanece,
que ahora contempláis.

El pan del Cielo

Yo soy el pan del cielo;
el que a mí viene nunca tendrá hambre;
quien me reciba por Hijo del Hombre
no tendrá sed jamás,
pues todo ordena el Padre...
Quien por mí viene a él, no lo echa fuera;
para obrar sólo por mí no descendiera
a este mundo contumaz:
yo soy intermediario
que expreso sus palabras y consuelos.
Tan sólo he descendido de los cielos
a hacer su voluntad.
He aquí su santo encargo:
quien reciba a mi Hijo mensajero
saldrá de su sepulcro el día postrero
para la eternidad.

No pueden pasar esto los judíos:

«Yo soy el pan del cielo entre vosotros».

Decían:

—Conocemos a los otros
que viven bajo el techo de José:
su madre, sus hermanos, sus parientes.
¿Cómo dice: «Del cielo he descendido»?
¡Se ha extraviado! ¡Le falla ya el sentido!
¡El pobre, qué ridículo se ve!

—No murmuréis vosotros.
Ninguno vendrá a mí sin que en su vida,

de mi Padre la voz no sea oída
que insinúe a venir.
Su voz está expresada en los Salmos,
la Ley y los Profetas.
¿Acaso son sus páginas secretas
que no podáis abrir?
Yo soy el pan de vida;
vuestros padres cruzaron los desiertos
comiendo del maná, mas están muertos.
Yo soy el vivo pan.
Viva siempre quien me coma,
y el pan que yo daré es mi carne pura
por la vida del mundo en esta oscura
morada de Satán.
Hay duda entre vosotros:
a algunos mi palabra escandaliza.
¿Cuánto más cuando ahora os profetiza
que me veréis subir
al Cielo en donde estuve?
Mi palabra es espíritu y es vida;
eterno pan será, será bebida
para quien le guste oír.

Abandono

Centenares de ardientes seguidores
del «jefe taumaturgo» de los panes
no pueden conciliar con sus afanes
un reino sin la gloria material;
juzgando su discurso insoportable,
deciden dar la espalda a su caudillo:

—¿Qué bien ofrece un jefe sin el brillo
del oro, que en la vida es lo esencial?

Viéndolos desertar al enemigo
cuando ayer le ofrecían dar un trono,
a los doce, conmueve en este tono:

—*¿Queréis iros vosotros tambïén?*
Responde por el grupo Simón Pedro:

—Señor, ¿adónde iremos, si nos vamos?
Que tú seas el Cristo no dudamos.
¿Dejarte a ti, Señor? ¿Cuándo? ¿Por quién?

—*Os he elegido a doce,*
mas uno de vosotros es el diablo;
no olvidéis lo que ahora, triste, os hablo,
después de la traición.

(Fue una gota de hiel en esas almas
el arcano que aguó su regocijo
con esta reticencia en que predijo
de Judas Iscariote, el de Simón.)

Acechanzas

Fariseos

Rabí, si no te oculta ni un misterio
la augusta tradición de los ancianos,
¿por qué, dinos, no lávanse las manos
al partir tus discípulos el pan?

Cristo

¿Por qué también vosotros, traspasando
de Dios el sempiterno Mandamiento,
nimbáis con venerable valimiento
los absurdos de vuestra tradición?
Isaías muy bien os ha pintado:
"Este pueblo de labios sí me honra;
su corazón fallido me deshonra,
cubriendo mis doctrinas su invención".
Oíd y entended:
no lo que entra en la boca contamina...

Discípulos

Los escribas, oyendo esta doctrina,
contigo se ofendieron otra vez.

Cristo

Las plantas que mi Padre no ha sembrado
serán desarraigadas para el fuego;
dejadlos que son ciegos guiando a ciegos
y al hoyo caerán por su altivez.

Pedro

Decláranos, Señor, esta parábola.

Cristo

¿Tampoco aprehendió tu entendimiento
que va desde la boca el alimento,
pasando por el vientre a la letrina?
Pero del corazón, los pensamientos
de muerte, de adulterio, de blasfemia,
constituyen la hórrida epidemia
que al hombre que los guarda contamina.

La confesión suprema

Hastiado de acechanzas, va a Fenicia,
donde premia la fe de los paganos
con milagros. ¡Los trata como a hermanos
el que es el unigénito de Dios!
Los inválidos tórnanse expeditos,
muchos mudos se vuelven elocuentes,
se hacen guías los ciegos ya videntes
y los sordos escuchan bien su voz.

Ayuna por tres días, mucha gente

no quiere abandonarlo, y de la playa
si la despide hambrienta, se desmaya
cuando el horno del sol comience a arder.
Las reservas que existen son escasas:
siete panes y pocos pececillos...;
mas se hartaron del pobre canastillo
los cuatro mil que había sin comer.

De viaje por el norte semigriego,
con la más afectiva confidencia,
de los doce examina la conciencia:

Cristo

¿Y quién dice que soy la gente infiel?

Disípulos

Los grandes, que eres un desconocido;
el pueblo, que el Bautista; otros, que Elías;
no falta quien te crea Jeremías
o algún otro profeta de Israel.

Pero vosotros, ¿quién decís que soy?

Pedro

Tú eres el Cristo, el Hijo del Dios vivo.

Predicción de la cruz

Les declara el Señor, muy emotivo,
que lo cubre la sombra de la cruz:

—*Por amor a este mundo,*
de todo el universo señalado
con el lúgubre estigma del pecado,
caerá mi sangre fiel,

consumando así un plan de muchos siglos.
Allá en Jerusalén me echarán mano
los príncipes y escribas, los ancianos
y guías de Israel.

Sufriré vituperios;
después he de sellar mi pacto eterno,
bajado a las tinieblas del averno
por manos sin piedad.
La señal de Jonás
es mi resurrección al día tercero,
como prenda de fe y amor sincero
para la humanidad.

Pedro

¿Qué va a pensar el mundo si permites
que se ensañe de ti la soldadesca?
¡Cuida, Rabí, que tal no te acontezca!

Cristo

Apártate de mí que a Satanás,
para escándalo mío, te has prestado.
No entiendes lo de Dios: andas por vista.
Si mi actitud también fuera egoísta,
sería mi venida ineficaz.
Tome su cruz y niéguese a sí mismo,
desprecie su existencia pasajera,
procurando la eterna y verdadera,
quien quisiere venir en pos de mí.
¿De qué aprovecha al hombre todo el mundo
comprado con su alma dada al vicio,
si las obras que harán terrible el juicio
son ésas que la carne inspira aquí?

Lección de humildad

¡Qué sabia y convincente la respuesta!
Toma el Señor a un niño en las rodillas,
le enciende con un beso las mejillas
y expone su versión de honor real:

—No entraréis en mi reino
si no fuereis así como este niño,
con un alma más blanca que el armiño
y un puro corazón.
Cualquiera que jamás se vanaglorie,
como este niño, por nada,
(levantando su faz ruborizada)
tendrá su galardón.
A todo el que reciba por hermano
a aquel a quien el mundo ve pequeño,
más grande lo veré que en ese empeño
tan torpe de medrar;
y quien lo escandalice,
mejor se ate una piedra de molino
muy fuertemente al cuello;
su destino sea el fondo de la mar.
No los tengáis en poco.
Los ministran los ángeles del cielo
que la faz de mi Padre ven sin velo.
¿Vosotros seréis más?
Porque el Hijo del hombre
ha venido a salvar a los perdidos
cual pastor, que a la oveja que se ha herido
prefiere a las demás.

Autoridad de la Iglesia

Si te ofende tu hermano
redargúyele tú, con él a solas.

No esparzas sus errores con las olas;
volverán contra ti.
Mas si se niega a oírte,
toma pocos testigos confidentes
que exhiban limpias manos y altas frentes,
y conste todo así.
Si a ellos resistiere,
ve, pues; con gran dolor, dilo a la iglesia.
Si este santo favor también desprecia,
cortarlo estará bien.
Os digo ciertamente:
lo que así desligareis en la tierra,
del Cielo lo será, mientras que yerra;
si ligareis, también.

Con esta autoridad que dio a su iglesia,
su fundamento sólido está echado:
setenta más partieron de su lado,
sumados a los doce, a predicar.
Lleva entonces su sangre salvadora
a verter por el bien y por su idea,
y le da el postrer adiós a Galilea
con su Capernaún y el bello mar.
No lo dejan pasar los de Samaria,
si va a Jerusalén, a los judíos.
Jacobo y Juan recobran viejos bríos
e, hirvientes de impetuosa indignación:

—Señor, ¿nos permites, como a Elías,
pedir fuego del Cielo que los queme,
pues ninguno te arna ni te teme?
No merece este acto tu perdón.
La vengativa cólera lo apena:

—*No sabéis cuál espíritu os inspira*
la explosión inhumana de esa ira
que pide mortandad.
No vine a perder almas;
no soy embajador de los infiernos;
traigo vida con hálitos eternos
para la humanidad.

Los salmos repercuten con gran eco;
verdea la ciudad con enramadas

de gentes muy diversas derramadas.
Mas todo ese bullicio y esa pompa,
de gozo exaltado y delirante,
no calla el general interrogante
que inquieta del mendigo al Sanedrín:
«¿Vendrá para la fiesta el Galileo
que excede a nuestros héroes en prestigio,
sembrando en la nación tantos prodigios
que este año es lo que más se espera ver?
¿Será un simple impostor y taumaturgo
que obra por Belial sus maravillas
o razón tienen gentes más sencillas
y es cierto que es del Cristo su poder?»
Mas el miedo amordaza muchos labios
que sienten comezón por este tema.
Temen la proscripción y el anatema,
dictados por la envidia y el rencor.
Uno solo desprecia esos temores
y en el templo desata abiertamente
la pasión reprimida de la gente.
Así habla el intrépito orador:

—*No es mía la doctrina*
que, obstinados, rechazan los rabinos.
Quien con ella denuncia sus caminos
es el Ser que me envió.
Quien habla de sí mismo
su propia honra busca. Discierno
solamente la gloria del Eterno,
con quien soy uno yo.

Así meditan muchos al oírlo:

—¿No es éste el que a los príncipes tortura
con dichos que éstos tildan de locura?
¿Por qué se le permite hablar así?
¿Ya lo habrán aceptado por Mesías?
El Cristo ni dirá de dónde sea,
mas éste se ha criado en Galilea.
¿Qué escondido misterio existe aquí?

—*¿Sabéis de dónde vengo?*
Mi origen verdadero no es el mundo
que escucho, por milenios, gemebundo,

del Cielo junto a Dios.
De allá yo he descendido,
pues vuestro Creador quiso aquí enviarme
para que os lo revele en esta carne
con esta humana voz.

El pueblo ya comienza a convencerse:

—¿Dará el Mesías pruebas más cabales
que sus muchas e insólitas señales?
¿Será el Cristo ese místico rabí?

Se le unen también los ministriles
enviados por los grandes a apresarlo:
lo escuchan admirados, sin tocarlo,
y se hacen sus discípulos allí.
No regresan con Cristo entre cadenas
sus manos pecadoras de soldado
para echarlo a la saña de un jurado.
Sienten por él admiración y amor.
En el alma lo entronan también ellos
y, al calor de fervientes convicciones,
confiesan que jamás a sus razones
pudieran oponer una mejor.

Nicodemo

—¿Estáis también vosotros engañados?
—preguntan los astutos fariseos—.
¿Qué príncipe, qué escriba o saduceo
creyó que el Galileo sea el Rey?
Y se oye la palabra de uno de ellos,
Nicodemo, un discípulo presente,
con unción ardorosa y elocuente
reclamando respeto por la ley:

—Compañeros, guardianes del derecho,
¿admite la justicia y la conciencia

juzgar un caso así, sin evidencias,
cual queréis juzgar a este rabí?

—¿También tú has nacido en Galilea?
Escudriña por ver si algún profeta
de esa tierra Israel tuvo y respeta.
¿Ha podido engañarte aun a ti?

La mujer adúltera

Prefieren los doctores avezados
ir al templo a entramparlo por sí mismos.
En su gran desvergüenza y su sadismo,
le traen a una abyecta meretriz
exhibiendo la carne mancillada,
por ellos sorprendida en adulterio.
Siendo reos del mismo vituperio,
desean apedrear a la infeliz,
y esperan ver el dedo acusatorio
de la mano que nunca obró pecado.
Graba, en cambio, en la tierra lo encontrado
en el alma de cada acusador.
Al que crea tener limpia conciencia,
que, leyendo su frase, no se arredra,
invita a dar primero con la piedra
sobre esa frente llena de rubor.
Y hasta los más viejos se van yendo
cuando ven su conciencia revelada.
Quedan sólo Jesús y la acusada.
¡Mayor es su vergüenza que el temor!
Sus ojos buscadores de otros ojos
son dos fuentes de lágrimas amargas.
Su cabellera ondeada, suelta y larga
cubre piadosamente su dolor.
No hay más impudicias ni amenazas;
espera escuchar una voz fuerte
que ordene que las piedras le den muerte,
pues ignora que huyeron los demás.

Mas le dice Jesús:

—*Pues yo no te condeno.*
Deja el mal. Sigue en paz otro camino.
Busque tu juventud mejor destino.

Sus tres hijos huérfanos

Porque dice ser lumbre de la vida,
se burlan de su oscuro lugarejo;
cuando habla de su Padre con despejo,
recuerdan a la novia de José
gestándolo en el vientre de soltera.
Si da de preexistencia testimonio,
le dicen que es poseso del demonio,
¡y el odio afloja piedras con el pie!
No obstante ser divino, él es humano
que anhela la palabra comprensiva;
las santas amistades que cultiva
son refugio en sus horas de dolor.
Va a Betania, a la casa de sus hijos,
tres huérfanos que en él hallaron padre;
todo cuanto a su espíritu taladre,
lo olvida en ese hogar acogedor.
Esta vez no está Lázaro en la casa,
y abre Marta la puerta hospitalaria.
La más espiritual y visionaria,
María, la menor, viene después.
Quiere aquélla mostrarle con manjares
que exijan gran labor, su simpatía,
mientras queda escuchándolo María
sentada castamente ante sus pies.
Pronto Marta se cansa de estar sola:

—¡Qué lástima que Lázaro esté ausente
—prorrumpe ya con ánimo impaciente—
y María se niega a trabajar!
¿El rabí no es acaso de confianza

que pueda quedar solo algún momento?
¿No es mejor, además, el cumplimiento,
si ella hace su parte en el hogar?
Y le dictan los nervios excitados
estas quejas en contra de su hermana:

—Me fatigo y María ni se afana;
dile, pues, que me ayude aquí a servir.

No es igual la opinión del Visitante:

—*Marta, Marta, te turban los quehaceres;*
María cumple más que esos deberes
al sentarse a mis plantas para oír.

El ciego de nacimiento

Llega el sábado esperado
por los dulces halagos del reposo.
Van en busca del Todopoderoso,
el Maestro y los doce a la oración.
Echado en el camino,
ven a un ciego sumido en noche eterna;
se conmueven los doce, y una tierna
solicitud les mueve el corazón:

—Rabí, dinos al punto,
¿pecados de sus padres o de él mismo
sumieron al cuitado en ese abismo?
¿A quién castiga Dios con ese mal?

—*No es vengativo el Padre,*
mas suele permitir su Providencia
que se ensañe el dolor de la inocencia
para obrar con poder espiritual.
La noche se avecina
cuando duerman las obras poderosas
sumidas en silencio con las cosas;

pero es día y yo debo obrar aún.
Mientras vivo en el mundo,
soy la luz de su vida, y su esperanza.
Por el ciego daremos alabanza
con gozo que el amor hará común.

Del verbo va a la acción
y, quien hizo con barro al hombre todo,
con el dedo virtuoso toma lodo
que a los ojos oscuros pide fe.
Se lo pone en los párpados
y, hacia el muro de Harán encaminado,
se marcha el de los ojos apagados
a un estanque que hay lleno en Siloé.
No sabe quién lo manda,
mas algo hay en su voz irresistible.
¿Es acaso la voz del Invisible
que lo llena de fuerza y voluntad?
Y junto con el barro,
de sus ojos también cae la sombra.
Llora, ríe, y de atónito se asombra
viendo todo en hermosa claridad.

No creen sus vecinos
que el ciego mendicante sea ése
tan ágil a quien tanto se parece
que ven mejor vestido transitar.
Mas oyen que ha contado
de un tal Jesús, que ignora dónde viva,
quien, con lodo de tierra y de saliva,
le abrió puerta a la luz de par en par.

Cerrados fariseos,
al oírlo contar su bella historia,
le exigen que la mate en la memoria
porque tildan al Cristo de impostor.
Se esfuerzan por dudar
que curara en verdad al ciego aquel,
un testigo ardiente y fiel
de su carisma y don de sanador.
Concitan a sus padres,
mas diálogos muy largos vienen luego:

—Si este hombre es vuestro hijo y nació ciego,

contadnos cómo ahora logra ver.

—Sabemos que es el hijo
que sin vista trajimos a este mundo,
mas él puede decir de lo segundo:
tiene edad, preguntadle; ha de saber.

—Da gloria a Dios ahora
porque es un pecador el milagrero.

—Que sea pecador, no sé ni quiero;
sólo sé que era ciego y hoy, por él,
me gozo por la luz que ahora veo.

—¿Cómo te abrió los ojos? ¿De qué modo?

—Con el dedo, untómelos con lodo.
¿Lo buscáis cual Caín buscaba a Abel
o ansiáis ser sus discípulos?

—Sólo tú puedes serlo en tu bajeza,
con viento y con locura en la cabeza;
nosotros veneramos a Moisés.
A él sí le hablaba Dios
con relámpago y trueno, cara a cara;
de Jesús no sabemos dónde para,
de qué vive, quién lo manda, ni quién sea.

—De eso ni me curo.
Sólo ignoro el porqué de esos enojos;
a mí, yo lo sé bien, me abrió los ojos;
y sé que Dios no escucha al que obra mal.
Jamás se había oído
que a un ciego desde el vientre diera vista
ni mago, ni hechicero, ni exorcista,
ni fe depositada en un mortal.
Si Dios no lo asistiera,
yo andaría en mi noche aún sumido.

—Del pecado sabemos que has nacido.
¿Quién eres que te escuche algún rabí?

Pregunta Cristo al ciego excomulgado:

—¿Crees que vino ya el Hijo de Dios?

—Señor, de su poder tengo evidencia;
lo busco con pasión y diligencia,
mas nunca he contemplado aún su faz.

—Ahora habla contigo.
Yo soy. ¿Te satisface? Ya me has visto.

—Te adoro, mi Señor; tú eres el Cristo.
Gracias por la visión y por la paz.

Canto noveno

LOS VERDADEROS DISCÍPULOS

—Quien viene en pos de mí que se examine.
Tendrá que llevar cruz.
A quien sujete, más que mis servicios,
amor de una mujer, esposa o madre;
de vástagos, de hermanos, o de padre,
no salga con mi luz.
No ofrezco los placeres
que halagan con engaño los sentidos;
por tanto, si seguís, sed prevenidos.
Oíd el costo bien.
Que no suceda el símil
del hombre sin prudencia que edifica
y agota, sin techar, su bolsa rica,
que sufre gran desdén;
o el rey que sale a guerra
tan sólo con diez mil de sus soldados
al encuentro del doble al otro lado,
que, sin probar la lid, ya pide paz.
Así también vosotros,
si no me preferís a todo el mundo
será vuestro fracaso tan rotundo
que os tornaréis atrás.
Quien tenga oídos oiga:
buena es la sal, mas si se desvanece,
¿quién hay que al verla así no la aborrece
como un desecho ruin?

Ni aun para la tierra,
ni para el muladar siquiera es buena.
Tirarla en ese estado no da pena;
pensad ¡qué triste fin!

El joven rico

La lección se hace clara
cuando un príncipe joven se le humilla,
cayendo ante sus plantas de rodillas
y al seguir esta plática los dos:

—Dime, Maestro bueno,
¿qué haré para obtener la vida eterna?

—*Tan sólo hay uno bueno, el que gobierna*
el universo, Dios.
¿Por qué me dices bueno?
¿Ya sabes que él y yo una cosa somos?
¿No escudriñaste los sagrados tomos?
¿Ignoras tú la ley?

—¿Con cuáles mandamientos?

—*Que honres a tus padres, que no mates,*
no adulteres, no hurtes y que acates
la voluntad de Dios, supremo Rey.

—Todo eso lo he guardado
desde mi más temprana juventud.

—*Lo sé; leo en tus ojos la virtud.*
Una cosa te falta, nada más:
vende y da a los pobres lo que tienes,
luego ven; sigue en pos de mí sin oro,
que en los cielos tendrás mejor tesoro.
La vida sempiterna así obtendrás.

La frente culta y noble
baja a la tierra el joven, reflexivo.
Piensa: «¡Qué exorbitante el donativo!»
Se miran con Jesús...; luego, se va.
Retorna acongojado
porque anhela en verdad la patria eterna.
¿Por qué se opone a la heredad paterna?
La una quiere aquí; la otra, allá.
Mirándolo de espaldas,

se entristece Jesús y más lo ama.
No volverá; por eso ni lo llama;
mas sufre al verlo ir.

—*Es difícil...difícil —rejlexiona—*
para un rico ir al Reino de los Cielos.

Presagios sombríos

Prenuncios sobre mí serán cumplidos,
hasta hoy, por vosotros no entendidos,
allá en la capital.
Veréis la ignara turba
quitarme con pasión de vuestro lado;
me habrán de escarnecer, seré azotado,
y al fin me matarán;
mas todo esto fue predicho
por mi Padre mediante los profetas:
será mi sacrificio allá la meta
suprema de su plan.
¡Ellos no entienden nada!
Lo que aspiran es gloria, en recompensa
por sus labores ínfimas suspensas
con unas redes rotas junto al mar.

Los hijos de Zebedeo

Los dos más ambiciosos,
con su madre, que es tía del Maestro,
creyendo ser de todos los más diestros,
así piden del Rey un buen lugar,
por boca de María,
quien también contribuye a su sustento:

—Estos hijos te di con gran contento
porque vivan delante de tu faz;
ahora yo te ruego
que esta gloria en tu reino sea nuestra:
que uno esté a tu izquierda; otro, a tu diestra,
por grandes paladines de tu paz.

—*No sabéis lo que pedís.*
¿Gustaréis mi bautismo en ese caso?
¿Podéis beber vosotros de mi vaso?

—Contigo lo apuramos ya, Señor.

—*Beberéis de mi copa;*
del bautismo con que yo soy bautizado,
seréis ambos de cierto bautizados
haciendo mi labor.
Con todo, los honores
los designa mi Padre solamente;
nunca ciño coronas en las frentes;
yo salvo, nada más.

El diálogo no halaga
a los otros veinte oídos, que lo mismo
codician del ansiado nepotismo
de ese reino del cual andan detrás.
Así sigue el Maestro:

—*Bien sabéis que los príncipes gentiles*
con intriga y política sutiles
adquieren potestad.
No así con este grupo;
de vosotros, quien quiera hacerse grande,
de todos sea siervo; siempre ande
con intima humildad.
Como Hijo del Hombre,
tampoco vine para ser servido:
dar la vida en rescate del perdido
tan sólo busco aquí. Alcémonos y vamos
que para no volver voy a Judea;
mi día de martirio que alborea,
lo habréis de ver allí.

El ciego de Jericó

Con la columna humana
que el imán de su nombre multiplica,
va entrando en la histórica y muy rica
«ciudad de las palmeras», Jericó.
Un ciego mendicante
se ve tan sacudido de su hastío
por el murmullo enorme del gentío,
que con gran ímpetu discurre en pro
del Señor; dice así:

—Oh, Jesús Nazareno, te bendigo;
misericordia, Cristo, ten conmigo.
¡Oh sí, Mesías, Hijo de David!

Que se calle, le grita mucha gente.
Se enardece, no obstante, su esperanza
y clama con más fuerza y más pujanza:

—¡Salvador, compadécete de mí!

Es tanta su vehemencia
que halla un eco en el alma del que pasa.

No importa; aunque la marcha se retrasa,
decide devolverle la visión.
En cayendo a sus plantas dice el ciego:

—Señor, ahora mismo haz que yo vea.

—*Te ha salvado tu fe. Sí. Así sea.*
Llena de luz también el corazón.

Lo que primero mira el que era ciego
son los ojos de quien le abrió los ojos.
Aprende al contemplarlos, bondadosos,
que en ellos la virtud se puede ver.
Por fe, cuando era ciego, lo buscaba;
de gratitud, frenético, lo adora.
Con él la multitud aquella llora
de emoción y recóndito placer.

Con el «ladrón» de la ciudad

Jericó nunca ha visto
desbordar tanta gente por sus calles
como ésta que inunda hasta sus valles.
¡Hay gran curiosidad!
Aun los indiferentes quieren verlo.
No reprime tampoco ese deseo
ni el publicano máximo, Zaqueo,
«ladrón» de la ciudad.
Las ramas de un sicómoro
suplen la exigüidad de su estatura;
si eso llaman ridículo y locura,
¿qué importa, si con ello ve al Rabí?
Así sobre el camino,
sin perderlo, contémplalo a su paso.
Cuando más tarde al sol trague el ocaso,
descenderá de allí...

De pronto la mirada
con que observa a Jesús es vertical.
¡Se detiene el alud procesional!
¡Otra sorpresa!: le habla así el Señor:

—Zaqueo, date prisa
porque hoy he de posar bajo tu techo.

El corazón no cábele en el pecho
porque el gozo es inmenso en su interior.
Se estiran ya los dedos farisaicos
y baten muchas lenguas maliciosas
porque en la casa de ladrones posa.
Mas sus primeros frutos de la fe
da Zaqueo delante del concurso:

—Con los pobres divido aquí mis bienes
y cuatro veces tanto doy a quienes
me demuestren que, injusto, defraudé.

Jesús lo rehabilita:

—Es hijo de Abrahán, también Zaqueo.

Se ha cumplido ahora su deseo
de llevar a su hogar la salvación.
Es hombre convertido.
No interesa su vida del pasado,
pues cubierto está todo su pecado
con manto de perdón.

¿Y qué le importa ahora
que por ser publicano se lo humilla
y le cierran el templo a su familia?
Hoy en su hogar se hospedará Emanuel,
el que ya en el santuario
no vive más en ritos desvirtuados
que mezclan con innúmeros pecados
muchos falsos pastores de Israel.

La Magdalena

Jerusalén prepara
para él otra vez una acechanza,
mientras se halla con gente de confianza
de Betania, en casa de Simón.
El cuadro es majestuoso:
Lázaro, que también está invitado,
se sienta vigoroso a su costado;
del otro, y ya sin lepra, el anfitrión.
De nuevo sirve Marta.
María, mancillada por deseos
satisfechos al mismo fariseo,
repugnaba un encuentro con Simón;
sería una vergüenza
ver su rostro y pisar ella su casa;
mas, viendo que Jesús no la rechaza,
suspende su recuerdo y su rencor.
Va y busca el alabastro
que guarda con finísimo perfume,
y, abrasada en rubor que la consume,
penetra hasta el asiento del Rabí.

Como otras veces antes,
desploma ante sus pies, ahogada en llanto,
el cuerpo antes abyecto, que hoy es santo,
para romper el rico frasco allí.
Se para ante el Maestro
con la fuerza que resta a su flaqueza,
para volcarle ungüento en la cabeza,
y le lava los pies al Salvador,
derramando a torrentes
del venero inexhausto de los ojos;
los enjugan después, ella de hinojos,
los cabellos que ocultan su rubor.
Es tenida por pródiga.
No podría faltar un tesorero
para medir su amor con el dinero,
y Judas Iscariote estaba allí:

—¿Por qué no se ha vendido
por trescientos dineros este ungüento
para dar más al pobre en alimento?
¿Por qué se dilapida tanto así?

Invade la malicia
la mente de Simón, quien la conoce
mejor que sus amigos y los doce:

—Si éste fuera el Cristo en realidad,
o al menos un profeta,
sabría que la bella que lo adora
no es más que voluptuosa pecadora.
¿Cómo admite tamaña liviandad?

El ojo de Jesús,
leyéndole todo esto en la conciencia,
lo llama a la razón y a la prudencia:

—*Escúchame, Simón;*
tengo algo que decirte
que te bañe de luz el pensamiento.

—Maestro, con placer; dilo al momento
que tienes mi atención.

—*Tenía dos deudores*

un acreedor muy rico y generoso,
con cincuenta denarios
el más mozo y quinientos el mayor.
Perdónalos a ambos,
¡pues no es dueño ninguno de una blanca!
¿Cuál de los dos dará expresión más franca
de gratitud y amor?

—Supongo que el segundo...

—Bien has dicho, Simón. Aquel deudor
al que perdonó tanto su Señor
lo ama por supuesto mucho más.
¿Ves hoy a esta mujer?
Ni esclavo había que
me lavara los pies en esta casa;
mas ésta, con sus lágrimas no escasas,
aquello vino a hacer.
No habiendo una toalla,
los enjugó en candor con el cabello.
Ni con los brazos me rodeaste el cuello
temprano cuando entré;
mis plantas besó ésta.
No me ungiste con óleo la cabeza;
y ésta, con nardo espique de realeza,
me ungió, sin tasa, el pie.
¿Entiendes esto ahora?
Porque es grande su falta perdonada
se eleva en resplandor de llamarada
su agradecido amor.

También habla a María:

—Absuelta estás de todos tus pecados;
por tu fe, para siempre perdonados.
No tengas más temor.

Las piedras clamarán

Parece que la pascua
se ha cambiado a Betania en este año:
miles vienen a ver si no es engaño
la nueva que de Lázaro cundió.
Lo hallan junto a Jesús,
a su virtud, viviente monumento;
de su poder divino, un documento
que en labios de la duda, borra el «no».
Sólo anhelan matar los sacerdotes
la vida que la tumba devolviera
y que hace de Betania la señera
que eleva por Jesús regio pendón.
Sentimientos distintos
hay en la multitud. ¡Y cuán opuesta
también es su esperanza en esta fiesta:
ver un trono de nuevo en la nación!
Lo aclaman por millares,
al verlo cabalgar por el camino
sobre el lomo no usado de un pollino
al ir de Betfagé a Jerusalén.
Desgájanse las palmas
para agitarse en manos jubilosas
y cantan las más viejas y las mozas
al darle el parabién.
Se extienden por alfombras
sobre el polvo los mantos y pañuelos.
¡Todo el mundo se exalta en sus anhelos!
Las "hosannas al Hijo de David"
repercuten con ecos muy distantes.
Y convergen de todos los caminos
caravanas sin fin de peregrinos
que se enfilan detrás de su adalid.

Les parece excesiva
la efusión de entusiasmo hacia el Mesías
a fariseos cínicos y espías:

—Reprende a tus discípulos, Señor.
¿No ves cuánto deliran?

—Las piedras clamarán si éstos se callan,
si vosotros sembráis con la canalla
vuestros odios, la muerte y el terror.

119

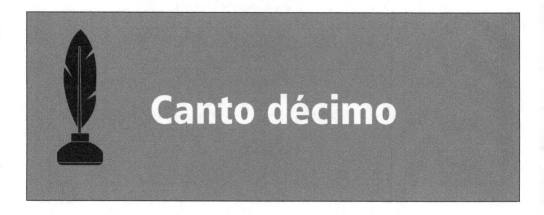

Canto décimo

LECCIONES FINALES

Se turba ahora mi alma.
¿Pediré que me salves, Padre, ahora?
¡Oh, no! Por esto vine en esta hora.
¡Ayúdame, Señor!
¡Glorifica tu nombre!

El juicio de la fe

Jesús, mirando al cielo, está sereno,
mas prorrumpe una voz como de trueno
que infunde gran temor:
«Lo he glorificado,
pero otra vez lo glorificaré».

Él, impávido, sigue su discurso,
con toda su elocuencia y majestad:

—*No ha sido por mi causa*
que se ha oído esta voz desde los Cielos.
Fue para disipar algunos celos
y la incredulidad.
Ahora viene el juicio
y será echado el príncipe del mundo.
De la tumba, del sueño más profundo,
me levantaré yo
para traer conmigo
a quienes me reciban por Mesías.

Arranca con su anuncio simpatías
y muchas almas nobles gana en pro.
Aun de algunos príncipes,
este anuncio doblega la conciencia,
mas en su orgullo estiman con "prudencia"
no confesarlo aún.
Con este triste acento
golpea corazones divididos
entre su paz y el mundo con sus ruidos,
sin un ápice en común:

—Quien cree mis palabras,
es al Padre y no a mí a quien acredita;
si alguno las oyó y no las medita,
yo no lo juzgaré;
sean los propios mensajes
que el Padre eterno envía por mis labios
los jueces infalibles y bien sabios
que midan vuestra fe.

Señales del retorno

Trece hombres en silencio
descienden por las gradas del santuario.
Cada uno parece solitario,
como si presintiera horrendo mal.
Por última vez juntos
lo visitan, pues pronto uno de ellos
la soga del suicidio atará al cuello,
después de traicionar al principal.
La magnitud del templo,
con sillares de mármol, colosales,
cubiertos con el rey de los metales
que alterna en su interior con el marfil,
después de lo escuchado,
la conciencia de doce desconcierta:

—¿Por qué esa casa quedará desierta?

¿La asolará de nuevo algún gentil?
Bien saben todos que de aquellos muros
la sólida belleza maravilla
hasta el propio invasor que los humilla.
Contéstales Jesús:

—Pronto el fiero soldado,
que ante fuertes y armas no se arredra,
no dejará aquí piedra sobre piedra.
Muerte traerá también de horca y cruz.

Bajo un peso de angustia,
se van al Monte aquel de las Olivas.
¿Acaso ya no es mucho ver cautivas
la nación y su amada libertad?
Eso es juicio supremo
que habrá de suceder al fin de todo,
e indagan cuatro de ellos de este modo,
por no reprimir más tanta ansiedad:

—¡Oh! Dinos las señales
de esto, el fin del mundo y tu venida.
¿Cuándo se ha de llorar esta caída?

Mezclándolas también, anuncia así:

—Que ninguno os engañe;
vendrán hombres llamándose Mesías
y muchos creerán sus osadías
por no aceptarme a mí.
Si os dijeren que el Cristo
predica su verdad en el desierto,
en ciudad interior o en algún puerto,
no le debéis creer;
porque el Hijo del Hombre,
cual relámpago súbito de Oriente
que cruza en un instante al Occidente,
vendrá en gloria y poder.
Cuando viereis ejércitos
rodear la capital en un momento,
sabed que ya vendrá el asolamiento
predicho por Daniel
Los que estén en Judea,
que la vida resguarden en los montes;

quien vea del terrado, en horizontes
venir la hueste cruel,
que huya de su casa;
no vuelva desde el campo por vestidos
quien oiga de sus carros el gran ruido.
Mas ¡ay de la mujer
que aún en las entrañas
guarde el fruto infeliz de sus amores
o prodiguen sus pechos creadores
la vida a un tierno ser!
Pedid esta clemencia
desde hoy ante el solio del Eterno:
que la huida no sea en el invierno
con lluvia o temporal;
tampoco en santo sábado,
pues, ¿cómo lo podéis santificar
huyendo ya con luto y gran pesar
del hierro criminal?
Se afligirán los santos
con tal persecución de los malvados
que, si no son los días acortados,
no la resistirán.
También os dirá el cielo
que es tiempo de atender mi profecía:
veréis el sol de luto todo un día,
sus rayos a la luna olvidarán
y habrá lluvias de estrellas;
los bordes de los mares serán rotos,
la tierra danzará en mil terremotos,
montañas han de arder
y serán conmovidas
las virtudes del cosmos por doquiera.
Las guerras y rumores de más guerras,
se habrán de suceder.
Las lleva el hombre adentro.

No las toméis aún por mis señales;
mas si arrastran las cuerdas de sus males
nación contra nación
y reino contra reino,
tomadlas por principio de dolores,
y a las hambres y pestes, por albores
de vuestra redención.
Llegará este Evangelio,

por justo testimonio, a todo el mundo
que habrá de recordar el mal profundo
del tiempo de Noé.
Mi Padre solo sabe
qué día ha señalado y en qué hora.
Sus poderosos ángeles lo ignoran.
Tampoco yo lo sé.
Aprended la parábola
de las hojas caducas de la higuera.
Sabéis que ya se va la primavera
si las veis retoñar.
Así también vosotros,
si encontráis en el tiempo estas señales,
sabed que ya pisáis en los portales
de vuestro eterno hogar.
Oiréis mi bienvenida:

—Por mi hambre saciada en vuestros panes;
por mi sed que bebió en vuestros afanes;
por la hospitalidad
cuando fui vuestro huésped;
por vuestro abrigo que entibió mi invierno;
por la visita cuando estuve enfermo
o preso en soledad,
entrad al Reino eterno,
que son vuestro portazgo esas bondades
hacia el pobre. Gozad por las edades
el premio de la fe.
Mas volved a este mundo.
Dos días más, veréis que sin soldado
me atará para ser crucificado
la turba, sin por qué.

Se vende el tesorero

—Si es esto inevitable
—razona en su interior el tesorero—,
quedaré con su bolsa y más dinero...

Lo habré de traicionar
al alto sacerdocio.
¡La vida que les vendo es tan barata!
Treinta piezas, no más, de blanca plata
¿no me habrán de dar?

¡Va bien! Vuelve con ellas
quien sabe por oficio que el dinero
vale más que ser justo y ser sincero.
De su oportunidad,
¿quién puede ya apartarlo?

Cree ingenuos a los doce y Cristo mismo:
¡que media entre ellos y él un gran abismo!
Retorna con el grupo,
donde uno solo sabe sus negocios,
y encauza la disputa, en breves ocios,
de quién es el mayor.
Mas interviene Cristo:

—*Si se alza algún rey sobre las gentes,*
colocando sus yugos en las frentes,
lo llaman bienhechor.
Mas no así, entre vosotros:
el mayor sea así como el más mozo;
sirva el príncipe al más menesteroso
que así también soy yo.

La toalla y el lebrillo

Dicho esto, se levanta
para ceñirse al cuerpo una toalla.
Toda boca presente allí se calla
por la acción de Jesús que el ojo vio.
Llena luego un lebrillo
con el cual va a lavar los pies de Judas.
Esto carga su orgullo con más dudas:

—¿Podrá ser éste Rey
si actúa como esclavo?

¡Así ve la humildad el orgulloso!
Se quiere arrepentir, lanza un sollozo...
mas no es ya de la grey.
Jesús llega hasta Pedro,
el más irreflexivo, aunque sincero.

—Tú no me lavarás —grita primero—;
¿cómo he de permitir
que se encorve a mis plantas
el divino Jesús? ¡No falta más!
¡Tú no me lavarás los pies jamás!
¡Que me hayas de servir...!

—No me entiendes ahora;
comprenderás más tarde lo que hago.
Si hoy no te lavare, será aciago
tu porvenir sin mí.

—No tan sólo los pies; también las manos
de sus manchas de sangre y de impureza...
y de la ambición torpe, esta cabeza,
Señor, si esto es así.

—No; quien está lavado
sólo debe quitar el polvo fino
de los pies, recogido en el camino;
y estáis limpios así
menos uno, no más.

La comunión

—Rodeemos como iguales esta mesa.
Desterrad la disputa, que es aviesa.
Venid en torno a mí.

Se queda muy ufano
también el Iscariote allí en la mesa
con sus piezas de plata, con su presa
y enorme indignidad. Jesús derrama el alma:
—*Parece muy cordial hoy nuestra fiesta,*
aunque vivimos la hora más funesta
que vio nuestra amistad.
Hoy uno de vosotros
me ha de traicionar en esta noche...

Todos piden que nombre al del reproche:

—Señor Jesús, ¿soy yo?

Once pares de ojos empañados
se encuentran con los húmedos de Cristo,
tan tristes como nunca los han visto.

Cristo responde: —¡*No!*
Quien coma de mi plato
y el pan moje en mi copa como amigo
será el brazo servil, de cierto os digo,
para plantar mi cruz.

No quiere callar Judas
y pregunta dos veces:

—¿Soy yo, soy yo, Señor?

Llena a sus compañeros de pavor
el triste «Tú lo has dicho» de Jesús.
Y así sigue el Maestro:

—*He deseado esta pascua, la postrera*
con vosotros, ha mucho, en gran manera
para antes de morir.
Tomad, pasad el vaso
del mosto sin fermento de la vid.
Entre todos, el zumo repartid
que es simbólico elixir.
Es mi sangre vertida
que sella por vosotros nuevo pacto,
y en el pan que partí para este acto
mi cuerpo ved así,

quebrantado por vosotros.
Mostradme vuestra fe, sin parsimonia,
repitiendo esta santa ceremonia
en memoria de mí.

«Seréis dispersos»

Apenas el ocaso
cubra el sol con su túnica enlutada,
cual dijo Zacarías, una espada
estoqueará al pastor.
Sin que falte ninguno,
seréis dispersos todos esta noche.
No penséis que con esto hago un reproche
teñido de dolor;
tan sólo os lo predigo...
Después que me incorpore de la tumba
que ahora sólo espera que sucumba
para tragar mi ser,
delante de vosotros,
a esperaros, iré hasta Galilea.
Mis íntimos, y aún gran asamblea,
allá me podrán ver.

Protesta Simón Pedro:

—Serán otros por ti escandalizados,
mas yo no; que entre todos mis pecados
no existe la doblez.

—*En esta misma noche*
tú, Simón, que ahora te enardeces,
al gallo en su altivez oirás dos veces
y me negarás tú tres.

—Señor, mi vida misma,
si es necesario, caerá a tu lado,
talada por la espada del soldado.

¡Jamás te negaré!

Con igual emoción,
sin asomo de orgullo ni egoísmo,
diez de entre los demás dicen lo mismo,
llenos de errónea fe.

El segundo advenimiento

Sus últimas palabras,
en medio del dolor y tanto duelo,
mezclan tanta ternura en el consuelo
que no es posible más:

—No os turbe el corazón
esta triste cadena de sucesos;
pensad desde ahora en mi regreso
que os volverá la paz.
A casa de mi Padre
me voy a preparar vuestras mansiones.
Levantad hasta allá los corazones.
Aquí vendré otra vez
y os tomaré a mí mismo;
sabéis adónde voy, pues mi destino
muy bien lo conocéis, y hasta el camino.
Retornaré después.

—Señor —dice Tomás—, si no sabemos
siquiera adónde vas, ¿cómo el camino
podremos conocer de tu destino?

—Tomás, contemplas hoy
la verdad, y la vida, y el camino;
si alguno llega al Padre alguna vez,
solamente lo hará de mí a través,
pues el camino soy.

Conoce bien al Padre
quien al verme y oírme me conoce.

—Señor —pide Felipe por los doce
con santa ingenuidad—,
si quieres borrar dudas,
pues muéstranos al Padre, y ya nos basta.

—*Lo podéis ver en mí, donde se engasta*
su eterna majestad.
Después de tanto tiempo
que estoy yo con vosotros, ¡oh Felipe!,
¿tan ciego, me suplicas que anticipe
de quien ya revelé?
Las palabras que os hablo,
dictadas por el Padre, no son mías.
Vivo de él y en él todos los días,
y a él en mí se ve.
Lo que orando pidiereis
al trono del Altísimo en mi nombre,
por su gloria, os dará el Hijo del Hombre.
Si me amáis de verdad,
guardad mis mandamientos,
pues se prueba el amor con la obediencia.
Mi Padre os amará en su Omnipotencia
por tal fidelidad.
Tampoco estaréis huérfanos.
Me voy; pero estaré siempre presente,
en horas de aflicciones, en mi Agente
que el Padre os enviará, el Espíritu Santo,
que el mundo no recibe ni conoce.
Cada cual de vosotros, que se goce
de su consuelo acá.

Canto undécimo

LOS ÚLTIMOS SUCESOS

Desde próxima cima,
se ve el templo blanqueando sobre el Moria
y agitarse a la lumbre de su gloria,
Jerusalén de humana actividad;
y la escolta del Cristo
se deshace en hosannas y alabanzas,
y en alas de patriótica esperanza,
ya lo ven gobernar la humanidad.

¡Pobre Jerusalén!

Mas él, clarividente,
contempla el porvenir lleno de sombra
y al soldado tender funesta alfombra
de víctimas por toda la ciudad,
y llora intensamente
rodeado de entusiasmo jubiloso.
No puede más el Todopoderoso
al contar su visión de crueldad:

—*Derribarán tus muros*
los hijos predilectos de la guerra;
tus palacios también caerán en tierra.
¡Y cómo ignoras tu visitación!
¡Si por lo menos hoy
se te cayera el velo de los ojos!
Verlos desfilar, entre despojos,
esclavos, los de Sion.

El mercado del templo

No toma posesión de los palacios
desde donde imponerse sobre el mundo
para colmar anhelos tan profundos
que abriga cada cual.
Con premura, va al templo
que es de nuevo una cueva de ladrones,
el centro de cohecho y exacciones
de aquella capital.
Ve en redor imperando la osadía,
la infidelidad, la irreverencia.
Pululan mercaderes sin conciencia
vendidos a Mamón,
por el pórtico, el atrio, los altares
y el templo que limpió en su año primero
con látigo en la mano y voz de acero,
¡su casa de oración!
Preciso es retirarse.
Las sombras de la tarde que declina
van cayendo en su alma cristalina
que parece romperse de dolor,
tan empañada ya
con lágrimas inquietas por salir.
Ansiando comprensión en el sufrir,
como otra vez, rumbo a Betania va.
Así su noche larga
se acortará con íntimos amigos,
los pocos confidentes y testigos
de sus penas y lágrimas de amor.

La higuera estéril

El lunes sale al alba;
de camino, su acción de amor se trueca,
porque una higuera se alza entre otras secas

muy ufana en su lujo de verdor.
No sufre su arrogancia
que es símbolo de espíritus altivos,
impregnados de idénticos motivos
de los que despeñaron a Luzbel;
su ramaje vacío
representa muy bien la pompa huera
de la farsa del culto que exaspera
a las almas devotas de Israel.
En vano busca higos
removiendo las hojas embusteras.
Maldice por hipócrita a la higuera:

—*Nadie coma jamás fruto de ti;*
que tu sombra de estéril
no prive de la vida a la pastura
que ofrece a las ovejas su gordura;
no mereces vivir mintiendo así.

No lo entienden los suyos;
de sus labios que siempre han bendecido
se escapan maldiciones sin sentido
a un árbol sin conciencia como aquél.
No es tiempo de los higos;
de aquí a más de tres meses es la fecha
cuando en toda esta tierra se cosecha.
Entonces sí hay almendras, higos, miel.
Prosiguen los discípulos
rodeando al Maestro que va al centro.
Llevan sorpresa muy enorme adentro,
que es mayor allá en Jerusalén
cuando cofres y mesas
repletas de dinero y mercancías
el Señor desparrama, ya vacías,
sobre el piso del templo hecho almacén.
Sólo él llena el santuario;
ni aun los recelosos sacerdotes,
ni príncipes, ni escribas, ni celotes,
hacen más en presencia de Jesús
que mascullar el odio
y maquinar su muerte; y en el pecho
ocultar la impiedad que está en acecho,
pues allí se ha apagado toda luz.
En llegando la noche,

todo en calma, y silencio, y maravilla,
retorna a sus amigos de la villa
de Betania. Desea allá dormir.
Necesita energía.
Morirá cuando expire la semana
y la última vez será mañana
cuando el pueblo, antes de eso, lo ha de oír.
Temprano al tercer día
ya no ven, al pasar, la higuera verde,
mas no falta con él quien la recuerde:

—Esas ramas resecas que hay allí,
como heridas de un rayo,
son el resto del árbol lujurioso
que maldijiste, ¡Oh Todopoderoso!
—dice Pedro, rayano en frenesí—.

Más tarde entenderán
que es todo una parábola objetiva...

Celada de muerte

Comienza a dialogar con los escribas
que en el templo, al pasar, le hablan así:

—¿Cuándo te han investido
con tanta autoridad para hacer esto?
¿Qué buscas con tu acción y tus denuestos?
¿Quién te dio potestad alguna aquí?

—*También preguntaré:*
lo que predicó Juan, ¿era lo cierto?
Su famoso bautismo en el desierto,
¿fue de Dios o del hombre, nada más?

—¡Qué intrincado dilema!
—se pregunta ya, cada sacerdote—.
¿Dónde está la respuesta que derrote

su pregunta incisiva y perspicaz?
Si decimos: «Del hombre»,
el pueblo, que lo tiene por profeta,
que nuestra autoridad ya no respeta,
cometerá locura en su favor.
Si decimos: «De Dios»,
pedirá que caigamos a su planta,
porque Juan, cuya fama él agiganta,
lo proclamó Mesías y Señor...

—Rabí, no lo sabemos.

—Siendo así yo también me niego ahora
a decir qué virtud es promotora
de aquesta potestad.

El viñador y sus dos hijos

—Decidme qué os parece:
Un padre de familia con dos hijos,
al primero de éstos así dijo:
«Trabaja en mi heredad».
Que no irá, le responde,
sin pensar que lo hiere, el insolente;
reflexiona después y se arrepiente:
trabaja con ardor.
El otro, respetuoso,
promete que irá al punto hacia la viña;
luego, no va siquiera a la campiña.
¿Quién procedió mejor?

—No hay duda que el primero.

—Pues os digo también: los publicanos,
las rameras y aún muchos paganos
os van delante a Dios.
A Juan lo perseguisteis
porque vino a vosotros en justicia;

mas aquéllos, sin vicio y sin codicia,
ya van del Reino en pos.

Los labradores malvados

Oíd otra parábola:
Un hombre, previniendo la rapiña,
construyó un gran vallado en una viña,
su torre y su lagar;
la dio a unos labradores
que le ofrecieron frutos muy seguros,
y al tiempo de estar éstos ya maduros,
lo suyo envió a buscar;
mas aquellos malvados
apedrearon a uno de sus siervos
y a otros desgarraron, como cuervos.
Aunque el Señor aún tratolos bien,
continuaron sus crímenes.
A la postre, mandó a su primogénito,
su heredero de todo, el unigénito.
Lo ignoraron también:
lo arrastraron afuera,
y le abrieron las venas al mancebo.
¡Tanta afrenta al señor suman de nuevo!
Con ellos, ¿qué se hará?
Aquellos miserables
tendrán que sucumbir por su delito.
La viña que han robado en su apetito
de manos cambiará.
También el Reino eterno
se quitará bien pronto de vosotros.
Cual la viña, será también de otros
con frutos dignos de él

Muy bien lo comprendieron:
son ellos aquel joven embustero;
también ellos, los falsos viñateros.
¡Es su discurso una efusión de hiel!

A César, lo de César

En un raro consejo,
unidos fariseos y herodianos
lucubran un dilema que, por manos
de mozos presumidos, llega así:

—Sabemos, oh Maestro,
que dices la verdad como ninguno;
que no hubo, ni hay, otro tribuno
que en franqueza y valor te alcance a ti;
que de nadie te curas
ni tienes miramientos de personas.
Tú, que eres sin igual cuando razonas,
enséñanos si es lícito o si no,
dar el tributo a César.

Si afirma, caerá ante los judíos;
si niega, cobrará su desafío
la autoridad romana... se pensó.

—*¿Por qué sois tan hipócritas?*
¿Para qué me tendéis el lazo astuto?
Mostradme la moneda del tributo.

Y un denario exhiben al Señor.

—*¿De quién es esta efigie*
y este nombre gastados por el roce?

—Del César (todo el mundo lo conoce),
de Tiberio, el gran Emperador.

—*Pues dad lo que es del César*
al César. Dad a Dios lo que es de Dios.
¿Qué impide que se cumpla con los dos?
Volveos, pues, en paz.

Se van maravillados
de cómo desató el nudo al dilema,
cómo hizo ineficaz su estratagema.
Los saduceos traman otro audaz:

Siete hermanos y una viuda

—Maestro, Moisés dijo
que si alguien muere sin dejar simiente,
se case con su viuda algún pariente.
Así le da linaje su mujer.
Aquí hubo siete hermanos:
murió el primero de ellos; luego, al punto,
tomó el otro la viuda del difunto.
Pues dinos, oh Maestro, ¿quién va a ser
de esta mujer longeva,
entre los siete hermanos, el marido
(pues todos a su tiempo la han tenido)
en la resurrección?

—Erráis por ignorantes.
Porque desconocéis las Escrituras,
esas cuestiones vuestras son impuras
y faltas de razón.
No es concupiscencia
la promesa de Dios a los mortales,
para cuando traspongan los portales
de eterno más allá.
Ni Dios es Dios de muertos.
Indagad por vosotros que estáis vivos:
cuán santos puedan ser esos motivos
que os han traído acá.

Sepulcros blanqueados

Por fin logra una chispa
de amor hacia Jesús entrar furtiva
en el alma sincera de un escriba
para encender allí
la luz de la verdad.
Averigua cuál es el mandamiento

que exige un mayor acatamiento
de nuestra voluntad.

—*El primero es amar con toda el alma,*
las fuerzas todas, todo entendimiento,
con todo el corazón, cada momento,
al solo y alto Dios.
Y así reza el segundo:
Amar como a sí mismo al semejante.
La Ley, en la cual todo es importante,
depende de estos dos.

—Muy bien dices, Maestro.
Es mayor que holocausto y sacrificio
consagrar nuestras fuerzas al servicio
de Dios y nuestro prójimo en amor.

—*La luz te ha amanecido;*
presta oídos, por tanto, a mis consejos;
si cumples lo que has dicho, no estás lejos
del Reino del Señor.

La malicia hecha polvo,
se pasa el atacado a la ofensiva:

—*Guardaos de las garras del escriba,*
que oculta su disfraz
de largas vestimentas
y falsa dignidad con que saluda,
pues se traga la casa de la viuda
su codicia voraz.
¡Ay de vosotros, falsos
que rodeáis tras prosélitos la tierra!
Ni al crédulo, ni al simple, ni al que yerra,
con doblez embaucáis.
Vivís muy presumidos,
en la misma antesala del averno.
¡Ay de vosotros, ciegos sin gobierno
que a otros ciegos guiáis!
Y más: ¡ay de vosotros,
maestros torcedores del camino
que la menta, el eneldo y el comino
diezmáis con precisión
y dejáis lo más grave:

juicio, misericordia y fe constante;

¡coláis bien el mosquito... y elefantes
engullís con fruición!
Fariseos y escribas,
¡ay de vosotros, gente vil y artera
que limpiáis vuestro vaso por afuera,
repleto de impiedad,
de robo y de injusticia.
Sois sepulcros blanqueados, muy hermosos,
que tan sólo encubrís inmundos fosos
con muerte y suciedad.
Y al fin, ¡ay de vosotros,
fariseos y escribas engañosos
que erigís monumentos y colosos,
y bien los adornáis,
en tumbas de profetas!
No existe entre vosotros quien no ladre
contra la terquedad del propio padre,
que todos imitáis.
Vosotros sois peores,
generación de víboras, serpientes
con veneno mortal en bellos dientes.
¿Cómo soportaréis el juicio fiel?
Sobre vuestra cabeza
caiga toda la sangre derramada
por vuestra piedra impía o vuestra espada,
de justos desde Abel.

Vuestra casa desierta

¡Jerusalén, Jerusalén, que matas
y apedreas con saña a los profetas
que envía Dios al son de sus trompetas
que advierten tu maldad,
¡oh, cuántas veces quise
juntar bajo mis alas a tus hijos,
que huyeron a oscuros escondrijos

con su perversidad!
Lo que antes fue la casa
de oración, por mi Padre eterno abierta,
que es vuestra desde ahora, está desierta,
preñada de dolor.
Ya no volveré más
hasta cuando se diga, ya sin celos:

«Bendito Aquel que baja de los cielos
en nombre del Señor».

Primicias gentiles

Disipan su tristeza
causada por hipócritas y hostiles,
las primicias que ve de los gentiles,
viniendo con Felipe y con Andrés.

Son oriundos de Grecia,
cuna de las ideas y del arte,
que anhelan conversar con él aparte
sobre un asunto inmenso en su interés.

La réplica de Cristo
denuncia la emoción que lo devora
hasta el fin de su vida, desde ahora.
Destruye así en los griegos la ilusión:

—*La hora ya ha venido*
cuando al Hijo del Hombre veáis en gloria;
mas con fuego grabad en la memoria,
por siempre, esta lección:
que si el grano de trigo
no se pudre debajo de la tierra,
la vida morirá que allí se encierra
o queda sólo él.
Es preciso que muera
porque salga la planta con espigas

cargadas con el fruto, que sus migas
derrame en el mantel.
Quien mucho ama esta vida
desprecia la futura que es eterna;
quien no se aferre aquí a su carne enferma
la esconde salva en Dios.

Si alguno ha de seguirme,
que recorra sin taras mi sendero,
que en todas mis batallas sea guerrero
y escuche bien mi voz.

Canto duodécimo

TRAICIÓN Y JUICIO ILEGAL

¡Es la hora suprema!
¡Necesita sostén su alma gigante!
¿Quién puede para ello ser bastante?
Allá en Getsemaní
se va con tres discípulos
y ante ellos, en su angustia, gime el fuerte:

—Mi alma está muy triste, hasta la muerte;
velad conmigo aquí.

La agonía del Getsemaní

Los deja a los tres juntos
y clama así postrado a pocos pasos:

—Si es posible, Señor, que pase el vaso
de la terrible hiel;
pero dame valor:
sólo quiero cumplir tu voluntad.

Anhela compartir tanta ansiedad,
mas nadie está con él.
Regresa a sus amigos,
quienes duermen el sueño más profundo,
y les dice, defraudado y gemebundo:

—¿No pudisteis velar
conmigo ni una hora?

Vuestro espíritu presto no se duerma,
acunado por vuestra carne enferma.
Velad, velad y orad.

Regresa. Más que lágrimas
se escapan al clamor de la plegaria
de su alma desgarrada y solitaria:
derrama en su dolor
torrentes cristalinos
de los poros que lloran cual mil ojos,
que en su angustia creciente se hacen rojos:
¡ya es sangre su sudor!
¿Estarán aún despiertos
los tres que ha sacudido hace un momento
para apoyarse en ellos por aliento?
¡Oh, no! ¡Qué ingratitud!
Los párpados cerrados,
¡cómo ocultan los ojos de durmientes
que se niegan a gestos confidentes
del que quiere contarles su inquietud!
Debe volverse solo
bajo el peso y la sombra de la muerte,
ya por tercera vez.
Después de su agonía
se para a ver cuán plácido es el sueño
que debe interrumpir porque hacia el leño
dirigirá los pies:

—*Dormid ya; descansad.*
Ha dado ya la hora del martirio
que habrá de quebrantar vuestro delirio
de gloria terrenal.
Levantaos y vamos
que ha llegado el traidor que me ha vendido.
¿Ni aún esta algazara habéis oído
de la turba infernal?

El beso de Judas

Aún hablando esto,
siente un beso de Judas, infectado,
¡el beso más inmundo que se ha dado!
Tan vil es la señal
que aun Cristo lo reprocha:

—*¿Con un beso tú entregas al Maestro*
para luego arrastrarlo de un cabestro
como a un vil animal?
Vosotros, sacerdotes,
guardianes de oráculos sagrados,
y vosotros también, oh magistrados,
¿venís como a un ladrón
con espadas y palos
bajo el manto siniestro de esta noche?
¿Para qué cometéis este derroche
de medios sin razón?
¿No estuve en vuestro templo
a la luz meridiana muchos días?
¿Por qué no me apresaron los espías
que enviasteis siempre allá?
Mas ésta es vuestra hora;
os guían potestades de tinieblas,
de que vuestros espíritus se pueblan
y os esclavizan ya.

Abandonado a la jauría

Y relumbra una espada
que el fogoso Simón lleva consigo;
mas él teme también al enemigo
e, inclusive Juan,
lo abandonan los once.

Lo acompaña tan sólo un mancebillo.
Va envuelto en una sábana el chiquillo
por dondequiera van.
También a éste apresan
de su precaria ropa, por espía.
Ya reprendida así la cobardía
de la gente mayor,
les deja con la sábana,
mas pone en salvo el cuerpo escurridizo
que desplaza desnudo, sin permiso,
con más susto y más gracia que pudor.

¿Qué importa que las leyes
prohíban en la noche estos arrestos?
Y aún es más seguro todo esto,
llevándolo ante Anás
que no es autoridad,
porque su perspicacia y maestría
lo podrán confundir antes del día,
si el reo habla demás.

Las manos bienhechoras
manda Anás que se amarren con correa
por sujetos de ínfima ralea.
Así llega a Caifás,
el sumo sacerdote.
Gran frío hay en el patio del palacio
que no es un tribunal, mas con espacio
para cada secuaz
que asiste a la parodia
de ese juicio nocturno, sin defensa
ni cargo de delito que convenza.
Acusan contra él
los espías pagados
y los falsos testigos sin conciencia
que cambian, cuando falla la evidencia,
su testimonio infiel.
La vejación presencian
su impulsivo discípulo más viejo,
que lo sigue por horas desde lejos
y el más mozo, que al patio va con él.
De incógnito está Pedro
mirando al Salvador desde la acera,

mas oficios de Juan y una portera
lo introducen al patio frío aquél.
Lo más cerca posible
se halla Juan, «el discípulo amado».
Simón Pedro después, disimulado,
se va junto al fogón
que es centro de la chanza
muy soez de la turba maldiciente.
Le preguntan, al verlo de repente,
igual que la criada del portón:

—¿Tú no eres su discípulo?

No conocerlo afirma, en desconcierto;
mas uno le recuerda lo del huerto:
—¿Yo acaso no te vi
con él hace unas horas,
espada en mano, huyendo con los otros?

—No sé lo que decís todos vosotros.

—Se reconoce en ti
que con él has estado
por la propia limpieza de tus dichos;
y si no, ¿reprimido en qué caprichos
no se te vio reír
de las sabrosas bromas
sobre el rey impostor de Galilea,
que al incauto más grave que le crea
podrían divertir?
¡Y vaya un argumento!
¡Comienza a maldecir como hacen ellos!
Y en tanto ni medita todo aquello,
desde la vecindad,
de nuevo canta el gallo...
Vuela de allí sobre sus piernas largas
para derramar lágrimas amargas
allá en la oscuridad.
Traspasa al pobre Pedro,
justamente al salir, una mirada
muy dulce de Jesús. Quedó clavada
en su alma hasta morir.
Y llora sin consuelo

con lágrimas que lavan su pecado,
y sale del crisol purificado
como el oro de Ofir.

Los seudojueces del Sanedrín

El Sanedrín acepta
contra un reo inocente abofeteado,
sin pisar el recinto designado,
la acusación ilícita de un juez
que desgarra su propio sacro manto,
ni espera el sacrificio matutino.
¡Pisotean la ley como asesinos:
todo eso es ilegal, sin honradez!
No esperan los dos días
que prescribe su ley, porque es el sexto.

Lo que rige a Pilato es otro texto
de derecho romano. Siendo aquél
quien ratifica siempre
las sentencias de pena capital,
¿qué puede haber de injusto o de ilegal,
si el árbol se alza hoy por orden de él?

Lo llevan al Pretorio,
mientras yace el Procónsul en la cama.
Con urgencia impaciente, se lo llama
porque el gobernador no puede ni ofenderse:
lleva más de un ilícito negocio
con los del Sanedrín y el sacerdocio.
Les es un gran deudor.

Ante Pilato

En riquísima toga,
sale al foro el romano, ante el bullicio
de una turba infernal que pide juicio.
Sabe algo por su esposa, de Jesús...;
contémplale el semblante tan dulce,
tan pacífico y sereno,
que siente hasta un anhelo de ser bueno.
¡Tanto ahuyenta tinieblas una luz!
Rehúsa intervenir,
devolviendo su caso a los judíos;
mas reclaman su vida los impíos:

—A nosotros no es lícito matar,
y éste es reo de muerte,
pues veda dar tributo para Roma.
Si lo defiendes, tu traición que asoma
contra el César, te cueste ese lugar.

¡Y actúa Pilato
como juez del que es Juez del universo!
Se le acelera el corazón perverso
cuando no ve delito alguno en él.
¿Y habrá de condenarlo
sabiendo bien que es inocente y justo?
¿Será cobarde y cederá por susto
después de la amenaza del tropel?
Regresa a los balcones
y declara que Cristo es inocente;
pero rugen las fieras nuevamente:

—Si infecta su doctrina aún acá,
partiendo de su casa en Galilea.
¡Y alivia la conciencia de Pilato,
con su oportunidad, el nuevo dato!
Que Herodes haga el crimen, si es de allá.

Con el asesino del Bautista

Lo remite al tetrarca,
el vicioso marido de Herodías,
que está en Jerusalén en esos días.
Para que llegue en salvo al juez peor,
lo protegen soldados
que ostentan grandes águilas romanas;
mas no calla la impura caravana
sus insultos y burlas al Señor.
Se huelga mucho Herodes
pensando disfrutar de esparcimiento
al ver por fin un milagroso evento,
porque viendo a Jesús
no duda que es divino.
Manda a buscar algún desecho humano,
residuo de mil vicios, que haya a mano
y asegura librarlo de la cruz,
si sólo lo complace
transformando en persona aquella cosa
sin vergüenza con cara vergonzosa.
Y el reo, con silencio, dice NO.

No ha de ver esa zorra
que se cubre con púrpuras reales,
a Jesús por salvarse obrar señales
ni por temor de su arrogante YO.
Su cólera encendida,
lo ultraja y menosprecia con su corte;
no puede concebir que no le importe
su promesa ni aún su autoridad;
lo lanza al populacho
cual pobre gladiador, solo, a la arena.
Va a cobrarle el placer en esa escena
que le negó a su vil curiosidad.
Su gran remordimiento
por la santa cabeza del Bautista
con que pagó lascivias a una artista,
dos largos años le quitó la paz.
Ya que lo ahogó
con licores y nuevos desenfrenos,

prefiere no volver a esos terrenos.
Él no ha de asesinar profetas más.
Satisface su rabia
desahogándose así, con un castigo
del cual, con sus secuaces, es testigo.
Que ejecute la pena capital
el procónsul romano,
o pronuncie su fallo absolutorio.
Cuando envía a Jesús hacia el pretorio,
siente alivio su mente criminal.

Otra vez, al Pretorio

¡De Herodes a Pilato!
Viendo aún inexhausta su paciencia,
se hace fuego la luz que en la conciencia
tenebrosa sintió el gobernador.
De nuevo es su abogado:

—Decís que insubordina aquí a la masa,
como al norte en contorno de su casa;
mas no encuentro esa culpa de traidor.
Por las leyes de Roma,
maestra de los pueblos en derecho,
no merece morir por lo que ha hecho.
Compareció ante Herodes, vuestro rey,
quien lo juzga inocente;
no ve en vuestras cuestiones nacionales
razón para arrastrarlo a tribunales.
¡No demanda su vida vuestra ley!

¿Jesús o Barrabás?

¡Probará un nuevo ardid!
Manda a buscar al fiero malhechor
que ha sembrado la muerte y el terror,
con robo y sedición: a Barrabás.
Con él a su siniestra,
como imagen de vicio y desenfreno,
a su diestra más dulce el Nazareno
le parece, en contraste, que jamás.
Y al punto, el gran tribuno
comienza a exacerbar los sentimientos
de esos zotes que usa de instrumento
la envidia criminal del Sanedrín:

—Mañana es vuestra fiesta:
según una costumbre establecida,
yo invito al pueblo solo que decida
a cuál condena esta pascua dará fin.
Os propongo a estos dos
que dejo ante vosotros un momento.

Se sienta, ya seguro que su intento
no podrá fracasar con este ardid.
Lee entonces esta carta:
«Querido: No condenes a este justo.
Yo he visto en sueño que un cortejo augusto
siguió tras él y lo llamó adalid.
No manche tu gobierno
sangre inocente ni pasión luctuosa.
Que te asista su Dios. Tu amante esposa».
Mas es tan hábil como falsa y ruin
la casta gobernante.

Logra inclinar a aquella turbamulta
contra el procónsul, y a Jesús insulta
con el odio que incita el Sanedrín.
Opone a la tiniebla
sinïestra, la luz que a diestra han visto:

—¿Suelto a Jesús, el que se dice el Cristo,
para guardar de nuevo a Barrabás?

—*No; suéltanos a éste.*

—*¿Qué haré entonces del rey de los judíos?*
Y se impone una voz al griterío:

—*Nuestro rey es el César; no ese audaz.*
A ése crucifica.

—Pues ¿qué ha hecho de mal digno de muerte?

Ruge entonces la turba de esta suerte:

—Tú bien sabes, tenemos una ley:
que muera, según ella.

—¡Si es justo! Lo enviaré bien castigado.

—No, Pilato, que sea crucificado,
porque contra el gran César se hace Rey.

—Haced, oh sacerdotes
y príncipes judíos, con este hombre
según vuestros designios. Que mi nombre
no escriba con su sangre el porvenir.

Y así acaba el discurso
de hermosas expresiones y hechos vanos,
al lavarse ante el público las manos:

—Soy libre de este crimen. Podéis ir.

Canto decimotercero

EL INOCENTE CONDENADO

Con un manto de púrpura
y corona de espinas en la frente,
ultrajan a la Víctima inocente,
Jesús, y vilipendian a la vez
a Dios y la justicia.

—¡Ya viene! ¡Salve al Rey de los judíos!

Así de hinojos se le burlan los impíos.
¡Cuán ínfima ralea es esa hez
que ejecuta su juicio!
Le entregan una caña como cetro...
parece el Redentor así un espectro
que lleva escupitajos en la faz
y en los tímpanos santos
el ruido de la voz de algún soldado,
quien le pide que advierta qué malvado
de darle en la cabeza fue capaz.

Remordimiento de Judas

¡Y Jesús no se salva
como Judas creía que lo hiciera!
Lo mira y más divino le parece.
¡Su víctima es un Dios!
Retorna loco al templo
que lo compró por precio de un esclavo.
Cuando ya ve la cruz y ve los clavos

marchar en la funesta procesión,
propone a los rabinos,
los mismos del infame negociado:

—Tomad vuestro dinero; yo he pecado,
que inocente es la sangre que os vendí.

—¡Lo hubieras visto antes...!

Su gran remordimiento se desata,
les arroja la bolsa con la plata
y se ahorca en un árbol por allí.
Se improvisa un consejo
para dar un destino a aquellos fondos.
¡También son tesoreros muy orondos,
conscientes de su propia dignidad!

Como es precio de sangre,
que no vaya al tesoro de los dones.
¡Por ellos no se infiltran los baldones
y mantienen el arca en santidad!

Deciden invertir
en un campo muy árido el dinero,
donde dar sepultura al extranjero
que no tenga doliente en la ciudad.
Más tarde sabrán todos
que existe un cementerio de extranjeros
con el nombre de Campo de Alfarero,
porque Judas se ahorcó en la vecindad.

Hacia el árbol de la cruz

En tanto, sin la púrpura,
con su propio vestuario, va Jesús;
lo sigue un extranjero con la cruz
y testigos en densa multitud.
Demuestran las mujeres

el valor femenino con el llanto,
y el «Reo» que las oye llorar tanto
dice con paternal solicitud:

—*No lloréis más por mí.*
Por vosotras, llorad; por vuestros hijos,
que pronto acabarán los regocijos
por ser madres, a las hijas de Sion.
Entonces se dirá:
«*Las estériles, bienaventuradas;*
y los vientres que no gestaron nada,
como el pecho que no crió varón».

Al declinar la tarde,
de tres cruces ya penden tres varones;
en las de los extremos, dos ladrones
y en la otra, Jesús, mártir por fin.
En la más alta, al centro,
se lee: «Este es el Rey de los Judíos»,
que Pilato escribió por desafío
en hebreo, en griego y en latín.
La turba vocifera:

—Si a otros ha salvado, ¡que descienda!
¿No es capaz de evitar la muerte horrenda?
¿No dice que es el Cristo, Hijo de Dios?
Zahieren los soldados
alzándole vinagre en una caña,
y a tanta gente ruin que le regaña
se suman, de las cruces, otros dos.

El ladrón perdonado

Afloran de repente
en la nueva conciencia de uno de ellos
recuerdos de Jesús; los ve tan bellos
que los ojos de nuevo posa en él.
¡Y cuán desemejante

lo ve de los que dicen invectivas,
que en miradas de hiel, despreciativas,
llevan crúor de vicio y de burdel!
Ojos como los suyos
ha visto sólo en niños y en retratos;
mas quien pida perdón por los ingratos
que pagan las bondades con la cruz,
como él, no ha visto a nadie.
Que es el Cristo no duda ni un instante,
porque un rayo del cielo, iluminante,
llenóle el corazón de santa luz.
Aférrase su fe
de la oportunidad con la esperanza:

—Señor, si tu perdón aún me alcanza,
ya en tu Reino, acuérdate de mí.
Y en su postrer aliento habla Jesús:

—*Pues hoy de cierto digo*
que irás al Paraíso tú conmigo,
do habrá mansión eterna para ti.

El robador contrito,
con profundo dolor por su pasado,
da a su crimen el nombre de pecado
y muere con el gozo del perdón.

La Virgen y San Juan

Los ojos que lo adoran,
tras perlas abundantes de gran llanto
del rostro virginal y santo
de su madre, sin bienes ni varón,
para los años breves
que peregrine aún sobre la tierra,
desde la horrible cruz que los aterra,
reciben diario pan.
Al discípulo amado señalando:

—*Oh, madre, helo ahí, desde hoy, a tu hijo.*

Y al joven que solloza y mira fijo:

—*He ahí a tu madre, Juan.*

Crucifixión

Es pleno mediodía.
Sin distinción, el sol quema las frentes
de reos, detractores y dolientes.
Hasta entonces obró sólo su amor,
suplicando perdón para el verdugo,
redimiendo al ladrón arrepentido,
dando a María pan, techo y vestido,
y honrando a su discípulo menor.

Suspende el sol sus rayos,
porque quiere ocultar esa agonía.
Con sombras va a espantar a la jauría
de esos lobos con éfodos de lino,
los que aúllan allá en el Sanedrín
y a los otros que siguen detrás de ellos.
Va a trocar en temor sus atropellos
y en inmóvil silencio, su trajín.

Se ciernen por tres horas
tinieblas ya palpables de tan densas.
Tan sólo no lamentan sus ofensas
los que quedan al pie de aquella cruz
en que Cristo agoniza.
Grita él al llevar nuestro pecado:

—*Dios mío, ¿por qué me has desamparado?*

Poco antes de expirar, vuelve la luz,
y así se pueden ver de un terremoto,
las huellas en peñascos agrietados.

Las ven el centurión y los soldados
que guardan las tres cruces. Cuanto más
contemplan la del centro,
más opinan que el Ser clavado en ella
supera creaciones de epopeya,
que es el Hijo de Dios.

Un sepulcro nuevo

¿Qué harán con ese cuerpo
que sigue suspendido de unos clavos
que así como esa cruz, son para esclavos?
De sus más allegados, hay allí
un joven solamente y tres mujeres.
Los otros diez discípulos huyeron.
Ninguno dijo a nadie adónde fueron.
¿Serán todos ingratos al rabí?
No; ya fueron dos nobles
que han sido sus discípulos secretos,
que ahora sin temor, aunque discretos,
no ocultan más su fe.
Van a hablar con Pilato.
Uno de ellos, José de Arimatea,
de los hombres más ricos de Judea,
mueve al procurador que se lo dé.
Tiene un sepulcro nuevo,
cavado en una roca para él mismo;
porque es poeta, no por egoísmo,
lo hizo entre las flores de un jardín.
Que duerma allí el Maestro,
artífice de todas las corolas;
que se encuentre, al despertar a solas,
de perfume y color, en un festín.
Aquellos dos varones,
por ser tan poderosos y tan sabios,
nada temen: desprecios ni aun agravios.
Lo envuelve en una sábana José,
y en tanto Nicodemo

derrama abundantísimo perfume
que, sin tasa, también después consume,
rociando rocas, del sepulcro al pie.
De allí los acompañan:
su madre, la mujer de Zebedeo
y María Magdalena, al mausoleo,
donde dejan yacer al Salvador
sobre su pétreo lecho.

Se vuelven presto a preparar ungüentos,
porque al día siguiente el mandamiento
del sábado prohíbe la labor.
No reposan en él los sacerdotes.
Junto a los fariseos santulones,
una a una, amontonan violaciones:
contra el «No matarás», levantan cruz
con la fuerza del falso testimonio;
y en el séptimo día del reposo,
corren ante Pilato recelosos
para mentirle más sobre Jesús:

—Señor, nos acordamos
que aquel embaucador, aún viviendo,
planeó este engaño, y puede ser tremendo:
«Yo resucitaré sin más tardar
después del tercer día».
Manda, pues, al sepulcro a tus soldados;
no lo roben fanáticos osados
e inventen que logró resucitar.
Sería esta patraña,
consumada, peor que la primera.

Pilato está impaciente; se exaspera:

—Con vuestra guardia id y asegurad.

Sin reparar que es sábado,
van a sellar la piedra de la entrada,
que vigilan después con cien espadas
de la guardia reunida en la ciudad.

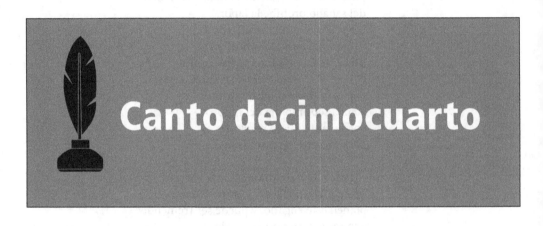

Canto decimocuarto

MISIÓN CUMPLIDA

El sol derrama el oro
de sus primeros rayos en la tierra,
mientras hacen cien siervos de la guerra
cuentos soeces junto a un panteón.
Es hermosa la aurora
con que nace ese día y la semana;
pero antes que se empape la mañana
con luz diáfana en franca difusión,
un relámpago insólito,
cierra doscientos ojos militares.

Resurrección

¿Qué seres o qué eventos singulares
hicieron a esos bravos desmayar?
Es apenas un ángel
que se anuncia, al bajar, con terremoto;
que destapa un sepulcro y queda inmoto.
Sentado allá en la fosa va a esperar.
Retornan tres mujeres
al huerto el primer día con ungüento.
La piedra ven afuera y, sin aliento,
penetran al sepulcro del Señor.
¡Y qué visión allí!
Un mancebo hermosísimo, sentado,
con ropa blanca y larga, iluminado
con tal gloria que tiemblan de temor.

Mientras habla, lo escuchan
en la entrada de rocas en declive:

—No busquéis entre muertos al que vive;
Jesús ya no está aquí
porque ha resucitado.
¿No recordáis, que aún en Galilea,
profetizó su muerte aquí en Judea
por manos de los príncipes así?
Decid a sus discípulos,
y a Pedro el negador entre los otros,
que va al norte delante de vosotros;
que lo veréis allá,
como una vez os dijo.
Salen huyendo con temblor y espanto,
porque un gran miedo las domina tanto
que se desmayan ya.
Mas una voz de «¡Salve!»,
con timbre conocido, las saluda.
Que es el Señor ya no les queda duda.
Corren a él, se lanzan a sus pies
y lloran de alegría.
Les dice:

—*No temáis; quitad las manos;*
esta nueva dad presto a mis hermanos,
y en Galilea me veréis después.

También corren los guardas,
apenas se incorporan del desmayo,
sin envidiar la rapidez del rayo.
Van a contar aquello en la ciudad,
primero a los del templo.
Los magnates los colman de dinero,
que a la voz queda del interno fuero
sofoque, cuando grite la verdad.

María Magdalena
vuelve y, al ver la piedra removida
sin oír que el Señor está con vida,
da cuenta a Simón Pedro y a San Juan
que han llevado al Señor;
mas no sabe quién fue ni en qué lugar
dejó su cuerpo inerte a descansar,

y con ella, los dos allá se van.
El joven, más veloz,
llega primero. Sólo ve los lienzos
allí; y queda en éxtasis, suspenso,
frente a la puerta, con temor sin par.

Más tarde llega Pedro,
que no para hasta adentro de la tumba.
Su vozarrón, del interior retumba
llamando al otro que no ha osado entrar.

Ya confirmado aquello,
como flechas, retornan sin María.
Llorando su dolor por la «osadía»,
desciende cabizbaja ella también.
¡Se encuentra con dos ángeles
que indagan por qué llora! Les responde:

—*Se han llevado al Señor y no sé adónde.*

Sale abatida en busca de un sostén
donde seguir llorando.
Se encuentra con quien juzga el hortelano
que, en tono comprensivo, muy humano,
le pregunta por qué llora..., por quién.
Le ruega, sin mirarlo:

—Si es muy rico un sepulcro aquí excavado,
por su voz, hoy está desocupado
el de mi hermano, en roca así también.
Si acaso lo has llevado,
tan sólo dime tú dónde lo has puesto
que yo, con mis amigos, haré el resto.
¡Oh, si lo sabes, dilo, por favor!

Levanta la cabeza,
buscando una respuesta de aquel hombre,
quien responde llamándola por nombre.
¡Reconoce su voz! ¡Es el Señor!
Y exclama:

—¡Rabboní!

Se adelanta a adorarlo, como antes

y, mientras titubea unos instantes,
la detienen su voz y su ademán:

—*Aún no he visto al Padre.*
¡No me toques!¡Detén, mujer, las manos!
Que voy a él, ve y dilo a mis hermanos;
pero antes, varias veces me verán.

En camino a Emaús

Retornan dos discípulos,
a paso lento, por el campo a casa.
Describe cada uno lo que pasa
por su mente en la gran desilusión.
¡Están enajenados!
Nada tiene interés más para ellos
después de contemplado todo aquello.
¡Se sienten sin el alma y la razón!
Ignoran todo cuanto los rodea;
ni ven que va con ellos un tercero.
De pronto los sorprende aquel viajero:

—*¿Qué asuntos son ésos que tratáis*
que tanto os entristecen,
mientras seguís andando de camino?

Y Cleofas:

—*¿Eres sólo peregrino*
que ignoras lo pasado días atrás?

—*Decidme, ¿qué sucesos?*

—De Jesús Nazareno, el gran profeta,
que enviaba la palabra, cual saeta,
a quebrar al más duro corazón.
Lo amaba todo el pueblo,
mas nuestros sacerdotes y pontífices,

junto a ciertos magnates y los príncipes,
lo ultimaron con la crucifixión.
Nosotros esperábamos
que fuera él el Mesías prometido.
¡No podemos creer que haya mentido...
mas hoy es tercer día de su cruz...!,
aunque ciertas mujeres
aseguran ahora que él aún vive,
por visiones de ángel que describen.
¡Oh, señor! ¡Suspiramos por la luz!
Algunos de los nuestros
hallaron que el sepulcro está vacío,
y eso aumenta la angustia y desvarío,
porque él mismo, a ninguno apareció.
Sabemos que dos nobles
son discípulos suyos desde entonces;
pero entre los primeros, que hoy son once,
creen esto sólo algunos; otros, no.

—*¿Por qué dudáis de esto,*
tardos de corazón para creer?
¿El Cristo no debía padecer,
según vuestros profetas y morir,
para entrar en su gloria
como prenda y primicia de los muertos?
¿Qué dichos de esos vates no fue cierto
para dudar así del porvenir?

Los sagrados oráculos
recorre, al ir con ellos, de memoria.
¡Cuán dulce hallan su voz consolatoria,
mientras va demostrando que en Moisés,
los profetas y los salmos,
el cuadro anticipado del Mesías
coincide con el Hijo de María!
¡Les ahuyenta el temor tanto interés!
Ni advierten el tiempo.
¡Ya están en Emaús sin darse cuenta!
La marcha habrían hecho aún más lenta
si temieran que él fuese a proseguir;
le ruegan que se quede:

—Señor, este camino es inseguro,
sembrado de peligros, muy oscuro;

no podemos pensar que puedas ir
tan solo en esta noche.
Ven; prueba con nosotros un bocado
muy modesto de pan y de pescado;
duerme luego al calor de nuestro hogar,
pues ves cuánto hace frío.
Temprano partirás por la mañana,
después del desayuno, si es lejana
tu aldea. Ven no más a pernoctar.

Va con ellos a casa
y, al sentarse los tres juntos a la mesa,
bendice el pan el huésped, por sorpresa,
de idéntica manera que el Rabí.

¡Se les abren los ojos!
¡Reconocen que él es, que es el Maestro...!
Y se incorporan, cada cual más diestro,
a besarle los pies con frenesí;
mas no lo ve ninguno,
porque se ha ido misteriosamente.
Deliran, pues, cuando lo ven ausente:

—¡Oh, cómo nos ardía el corazón,
viniendo de camino,
cuando citaba santas Escrituras
sobre escenas mesiánicas futuras,
hoy presentes en él y su misión!

¿A qué quedar en casa,
si esta inmensa emoción les roba el sueño?
Saben dónde hay un grupo muy pequeño
sumido en la tristeza y el temor,
al cual llevar aliento.

Se vuelven, pues, a compartir con ellos,
aunque lleguen allá ya sin resuello,
su gozo de haber visto al Salvador.
¡Cuán otros los encuentran;
ni parecen los mismos de la tarde,
con desconsuelo y actitud cobarde!
Se anticipan contando que a Jesús
lo ha visto Simón Pedro:
que ya resucitó de entre los muertos.

Oyen luego, con ojo y boca abiertos,
cómo llegó con ellos a Emaús.

Aparición a los discípulos

Tras la hermética puerta,
pasa uno a sumarse a aquel concurso,
sin verse cómo entró, con qué recurso;
que, alzando allí ambas manos, dice:

—*¡Paz!*
¿Por qué os causa temor el ver mi faz?
Mirad mis pies y manos
y ved los rasgos, por el clavo, impresos;
tocad mis carnes y palpad mis huesos;
si os resta duda, dadme algo de comer
que pruebe ante vosotros.

Un pez asado y un panal de miel
se pone al punto sobre un gran mantel
que solícita tiende una mujer.
Y en tanto se le sirve:

—*Se cumplen las palabras que os hablé.*
¿No incitaba con ellas vuestra fe?
Está escrito que el Cristo moriría,
mas habría de alzarse el tercer día
de entre los muertos, como veis.
De ahora en adelante,
cada uno aquí será testigo
de que todo esto se cumplió conmigo,
y apenas os invista de poder
el Espíritu Santo,
con mi Evangelio id, en la Escritura
predicándolo a toda criatura.
Será, mientras viváis, vuestro deber.

El racionalista Tomás

¡Qué pena que no todos lo hayan visto,
que faltara Tomás!
En esto se presenta
el incrédulo Dídimo ante ellos.
Le cuentan por menudo todo aquello,
mas él, sin comprobar, no cree jamás:

—Sin verle yo en las manos
la señal de los clavos y, sin miedo,
en ella colocar mi propio dedo,
jamás lo creeré.
La huella de la lanza
que, ya muerto, le hundiera aquel soldado,
necesito palparle en el costado,
y entonces tendré fe.
Pasada una semana,
su fe respalda al fin por los sentidos
en la resurrección, allí reunidos
de nuevo los demás.
Lo invita así el Señor:

—*Ven; con los dedos tócame las manos*
en presencia de atónitos hermanos,
y pálpame el costado, ¡oh Tomás!

—Ya sé que el Cristo eres;
bendito tú, ¡Dios mío y Señor mío!

—*Tomás, comparecí a tu desafío.*
¿Porque me has visto, puedes hoy creer
lo que muy bien sabías
por haberlo escuchado de mis labios?
Esa incredulidad no es de los sabios.
Sea feliz el que creyó sin ver.

La comisión evangélica

Al pie de la montaña
señalada por Cristo en Galilea
lo aguarda en reverencia una asamblea,
vibrante de esperanza y emoción,
de once más quinientos.
La convierte en su púlpito postrero:

—No vengo a repetiros cuánto os quiero;
lo sabéis; me llenáis el corazón.
En el cielo y la tierra
me es dada toda potestad suprema.
Oíd la comisión que os doy postrema:
doctrinad al gentil,
y todo el que en el nombre de mi Padre,
del Hijo... y del Espíritu Santo
se moje el rostro de contrito llanto
y de agua bautismal, pase al redil.
Mostradles mi camino.
Que guarden todo lo que os he mandado.
Yo seré ante mi Padre su abogado
y, para hacer el bien,
los sostendrá el Espíritu.
Para que sea vuestro afán fecundo,
yo estaré siempre, hasta el fin del mundo,
con vosotros. Amén.

Ascensión

Levanta aquellas manos
que impartían salud al cuerpo enfermo,
o el hálito vital al barro yermo
que alzaba de la tumba y el hedor.
Las huellas de los clavos,
como gemas, le brillan en las palmas.

Parecen reflejar en esas almas
los rayos del amor.
Con brazos siempre abiertos,
se va perdiendo en el azul del cielo.
La plenitud e inmenso desconsuelo
rompen el dique, con impacto cruel,
de las lágrimas puras:
se vuelcan por los rostros, que tortura
la mezcla de amargor y de dulzura,
de acíbar y de miel.
¡Se pierde en los espacios!
Cada ojo se enjuga con un manto,
y ya es tan puro cada cual y santo
que a dos ángeles pueden contemplar.
Les hablan cara a cara:
—Galileos, ¿qué estáis mirando al cielo
con húmeda mirada y tanto anhelo?
No suspendáis aún vuestro mirar.
Ese mismo Jesús
que ha ido más allá de las estrellas,
regresará tras sus celestes huellas
de una manera igual.

Decid a las naciones en futuras edades de la
historia,
que ahora fue, mas volverá en su gloria
para extirpar el mal.

Sobre el Autor

Héctor Pereyra Suárez tiene dos bachilleratos: uno en Teología, del Colegio [hoy Universidad] Adventista del Plata, Argentina; otro en Literatura, de Pacific Union College, California, EE. UU.; Título universitario (Master) en Estudios Hipano-Americanos y Luso-Brasileños, de la Universidad de Stanford, California, EE.UU. Es autor de doce libros publicados por distintas editoriales.

Printed in the United States
By Bookmasters